A **TRISTEZA** TRANSFORMA,
A **DEPRESSÃO** PARALISA

NEURY BOTEGA
Psiquiatra, Professor Titular na Unicamp

A **TRISTEZA** TRANSFORMA, A **DEPRESSÃO** PARALISA

2ª edição

Benvirá

Copyright © 2024, Neury José Botega

Direção editorial Ana Paula Santos Matos
Gerência editorial e de produção Fernando Penteado
Gerenciamento de catálogo Isabela Ferreira De Sá Borrelli
Edição Estela Janiski Zumbano
Design e produção Jeferson Costa da Silva (coord.)
Verônica Pivisan Reis

Revisão Daniela Georgeto
Diagramação Fernanda Matajs
Ilustrações das páginas 147, 221 Eduardo Borges
Capa Tiago Dela Rosa

Dados Internacionais de Catalogação na Publicação (CIP)
Vagner Rodolfo da Silva – CRB-8/9410

B748t   Botega, Neury

A tristeza transforma, a depressão paralisa / Neury Botega. – 2. ed. – São Paulo : Benvirá, 2024.

280 p. : il.

ISBN: 978-65-5810-402-5 (impresso)

1. Saúde mental. 2. Depressão. 3. Tratamento. I. Título.

2024-826

CDD 616.89
CDU 613.86

Índices para catálogo sistemático:
1. Saúde mental 616.89
2. Saúde mental 613.86

2ª edição, julho de 2024

Nenhuma parte desta publicação poderá ser reproduzida por qualquer meio ou forma sem a prévia autorização da Saraiva Educação. A violação dos direitos autorais é crime estabelecido na Lei n. 9.610/98 e punido pelo art. 184 do Código Penal.

Todos os direitos reservados à Benvirá, um selo editorial da Saraiva Educação, integrante do GEN | Grupo Editorial Nacional.

Travessa do Ouvidor, 11 – Térreo e 6º andar
Rio de Janeiro – RJ – 20040-040

Atendimento ao cliente: http://www.editoradodireito.com.br/contato

Sou grato a meus pacientes e a seus familiares. O que eles me ensinam dão mais vida a este livro e mais sentido à minha vida.

Sumário

Apresentação xi

Parte I | Para quem foi diagnosticado 1

1 | Com a palavra, os pacientes 3
2 | A tristeza que transforma 7
3 | É tristeza ou depressão? 10
4 | Me sinto um lixo 13
5 | Será que eu vou enlouquecer?! 16
6 | Tenho medo de tudo 19
7 | Uma armadura para trabalhar 21
8 | Só quero dormir 24
9 | Depressão ou esgotamento? 27
10 | Tudo me irrita 30
11 | Distimia: o mau humor que é um mal do humor ... 33

12 | Sexo? Silêncio total no *front*!.. 36

13 | De madrugada começa o martírio.. 39

14 | Um gosto amargo na boca.. 41

15 | O álcool aprisiona a dor 44

16 | Meus piores momentos... 47

17 | Não vou ser mais um com depressão!................................ 50

18 | Os poderes da mente, mas nem tanto... 53

19 | Eu não queria tomar remédio... 56

20 | Cuidado com o dr. Google!.. 59

21 | Quando vou ficar bem? 62

22 | Você tem que melhorar!... 65

23 | Você tem dez novas mensagens 68

Parte II | Para quem deseja ajudar 75

24 | Mensagem para você 77

25 | As faces da depressão 85

26 | Nuvens, em vez de gavetinhas 97

27 | Força de vontade não cura depressão 104

28 | Tomar remédio ou não: eis a questão!............................ 109

29 | Antidepressivos: fases do tratamento 114

30 | Sobre viagens e psicoterapias.. 120

31 | Insônia: reaprender a dormir... 129

32 | E se ele não quiser, larga ele lá?...................................... 135

33 | Um consultório horrendo e sem Nespresso 140

34 | Assim meio bipolar... 149

35 | Exalando vitamina pelos poros! 156

36 | Ele tem um tio que se matou... 162

37 | Ameaça suicida: cão que ladra não morde? 168

38 | Como ajudar uma pessoa deprimida 173

Parte III | Para quem quer saber mais 181

39 | Sortilégio de humores 183

40 | A anatomia da melancolia 187

41 | Em busca de um sinal 195

42 | *Major depression*: ser criterioso é preciso 201

43 | TPM, depressão e a coisa em si 209

44 | Depressão e doenças "físicas" 218

45 | Esses remédios não são perigosos? 224

46 | Nenhum remédio foi bom para mim... 233

47 | Depressão pós-parto 237

48 | ECT e outros tratamentos 242

49 | Depressão bipolar, tratamento diferente 248

50 | Crise e tristeza, coisas da vida 253

Referências 257

Apresentação

Algumas pessoas chegam tristes ao meu consultório, em crise. Elas sofrem, intuem que precisam mudar. A tristeza, ao mesmo tempo que lhes deu o sinal, tem, agora, um potencial transformador.

Situações de crise levam a um contato franco com nosso mundo interno, e isso envolve certa dose de tristeza. É inevitável. Zero de tristeza não é realista, tampouco sadio.

Outras pessoas trazem à consulta uma das maiores, se não a maior, crise de suas vidas: uma depressão. É diferente de tristeza; depressão é uma doença. Ela paralisa; às vezes, conduz ao desespero.

A depressão chega como a nuvem que antecede a tempestade amedrontadora, coloca sobre a vida um peso cinzento, impõe ao ser imobilidade e impotência.

Quem já teve depressão sabe muito bem que ela é diferente da tristeza. Quem nunca teve, precisa acreditar neste livro.

Este livro tem três partes:
1. A primeira é mais voltada **para quem foi diagnosticado** com depressão. Por meio de relatos de pacientes sobre a experiência de estar deprimido, o leitor poderá identificar os sintomas que o acometem e entender que tudo o que sente faz parte da doença

– não é fraqueza e ele não tem culpa. Como, durante uma depressão, há muita dificuldade para se motivar, concentrar-se e reter informações, os capítulos são mais curtos, com seções numeradas para facilitar a leitura e a assimilação.

2. A segunda parte do livro é **para quem quer ajudar** uma pessoa deprimida. Tem a intenção de promover a empatia, o entendimento da doença e dos tratamentos disponíveis. Os capítulos trazem sugestões de como lidar com as situações acarretadas pela depressão.

3. Na terceira parte, **para quem quer saber mais**, a abordagem é mais densa, relacionada à formulação do diagnóstico de depressão e ao tratamento dos quadros graves da doença. Há um aprofundamento crítico, mas ainda conciso, de aspectos abordados nas seções anteriores.

Cada caso clínico que ilustra este livro liga-se a um paciente que um dia atendi. Ao transcrever anotações profissionais, omiti ou alterei detalhes a fim de garantir o anonimato.

Espero que lhe seja útil a sistematização da minha vivência clínica. Boa leitura!

PARTE I
PARA QUEM FOI DIAGNOSTICADO

1
Com a palavra, os pacientes

Aqui, frases reunidas de várias pessoas que sofriam de depressão encontram-se distribuídas em seis grupos de sintomas: estranheza de si, mudança nos afetos e prazeres, inibição e bloqueio, sofrimento do corpo, negativismo e comportamento inusitado. Sintetizam a ideia de como a depressão é vivenciada:

Estranheza de si
- Eu não era assim, não sou mais eu!
- Acordo, levanto meu cadáver, visto a armadura e vou trabalhar.
- Estou desconectado do mundo, parado no tempo.
- Agora eu me sinto fraco, vulnerável...
- Perdi a confiança, encaro minhas vitórias como farsas.
- Tenho medo de enlouquecer!

Mudança nos afetos e prazeres

- Estou de mal com o mundo, sem alegria de viver, o tempo todo segurando o choro...
- Me esforço, recebo meus netos, mas não é como antes...
- Sinto medo de tudo, medo de viver e medo de morrer.
- Me irrito só de ouvir a TV ligada. Implicante e mal-humorado, explodindo com as pessoas...
- Sexo?! Silêncio total no *front*!

Inibição e bloqueio

- Está tudo difícil e complicado.
- Leio e não consigo assimilar, emburreci!
- Me sinto amarrada, não consigo fazer nada.
- Tenho que me arrastar para o trabalho.
- Algo me paralisa, vivo insegura, com travas e medos.
- Carrego um monte de "eu tenho que...", mas cadê o botão de *start*?

Sofrimento do corpo
- De madrugada começa o martírio: a pata de um elefante afundando meu peito...
- Um peso nas pernas, uma canseira nos braços...
- Dá um nó, não consigo engolir a comida.
- Emagreci sete quilos, estou pele e osso!
- O estômago embrulhado, não faz digestão...
- Se puder, durmo o dia todo.

Negativismo
- Sinto dó de mim, me sinto um lixo.
- O tempo todo ruminando: será que vai dar certo?
- Uma simples conta de luz já me põe a nocaute.
- Só penso em doença, vêm ideias horríveis.
- Eu me culpo pelos erros do passado.
- A roupa bonita que vi na vitrine parece que não é pra mim.
- Três dias de UTI e não morri; até nisso eu falhei.

Comportamento inusitado

- Não tenho mais atitude, fico adiando tudo.
- Grudei na esposa, só durmo se ela segurar a minha mão.
- Procuro desculpas pra não sair, não quero ver gente.
- Faz uma semana que não lavo o cabelo.
- Só penso em me afundar nas cobertas.
- Para conseguir dar conta, bebo uma garrafa de vinho.
- Estou sem freio, explodindo por qualquer coisinha...
- Fico ressentido com a alegria dos outros.

2

A tristeza que transforma

1. Aquele era o seu momento de fazer escolhas. Aos 24 anos, sentia-se triste e angustiada. Amanda tinha vivido os últimos quatro anos nos Estados Unidos, junto com os pais. Retornara antes deles ao Brasil, a fim de concluir o curso universitário. Era bom estar geograficamente distante, respirar a liberdade de morar só. Distante também se sentia do namorado, com quem mantinha um relacionamento arrastado e pouco gratificante. Se agora a liberdade lhe abria horizontes, também fazia emergir conflitos até então silenciados. Ela reclamava de muita tristeza e, angustiada, não queria prolongar esse seu estado.

Eu dava os primeiros passos em minha prática privada. Em uma de nossas sessões de psicoterapia, Amanda se cobrava resolver, "de uma vez, todas as pendências da vida". Sua urgência e impaciência eram tão agudas que eu me senti forçado a lhe dar um conselho: *"Take it easy!* (Vai com calma!)". Foi então que, num salto, ela se pôs de pé, arregalou os olhos e bradou: "Isso mesmo! *Tenha a crise!* É isso que eu tenho que fazer!".

2. A proximidade fonêmica entre as expressões (*take it easy*/ tenha a crise) e a urgência por mudanças devem ter propiciado o lapso. Vi como Freud sorria ao nos observar. Ele já havia ensinado que lapsos são reveladores, material valioso para desvendar o que se passa no inconsciente: desejos, conflitos, potenciais soluções, tudo emaranhado.

Freud e a paciente me lembraram de que, afinal, ela precisava daquela crise, não poderia fugir dos momentos de angústia e de tristeza. Eram justamente esses sentimentos que a colocavam mais em contato com sua realidade íntima. Tinha que viver e passar por isso, a fim de mudar o curso de sua vida.

E eu, jovem psicoterapeuta, teria que me acalmar, ouvir mais e me sentir menos forçado a aplacar as angústias de meus pacientes. O que eu disse para a Amanda não estava exatamente errado, mas fora de hora. Não havia espaço para apaziguamentos apressados que pudessem soar superficiais.

3. Se a tristeza brota em meio a uma crise existencial nutrida por conflitos que se arrastam, é imprescindível examinar atentamente o que se passa dentro da gente e não fugir. É preciso aceitar que as necessárias crises se instalem, suportar um período de indecisão, desorientação, juntamente com a angústia que acompanha esses estados. Ao mesmo tempo, temos que buscar uma estratégia para superar a crise,

lembrando que não dá para resolver "tudo" de uma vez, com uma solução ótima, como nos cobramos. Com calma (*take it easy...!*), temos que fazer as mudanças necessárias, com a liberdade e a coragem que o viver exige.

A TRISTEZA PODE SER TRANSFORMADORA.

3
É tristeza ou depressão?

1. A depressão pode bater à porta de qualquer um de nós e em diferentes fases da vida:

> **Uma adolescente, 17 anos.** "Faz uns quatro meses que não ensaio com a banda. Sinto o mundo distante, em câmera lenta... Dá um nó, não consigo engolir a comida. Tenho esse sentimento de que sou má. Na escola, sinto que me excluem. Tenho medo de me relacionar, fico pensando no que vão pensar. O tempo que posso, fico fechada no quarto."

> **Uma dona de casa, 41 anos.** "Estou assim desde o início do ano: emotiva, desanimada e sem forças. Emagreci seis quilos. Na semana passada, olhei pro meu filho pequeno abrindo o ovo de Páscoa e comecei a chorar. Pensei: 'Um dia você vai morrer!'. Estou

sem vontade de sair, parei a academia, faz uma semana que não lavo o cabelo. Fui abandonando tudo, me sinto perdida."

Um diretor financeiro, 63 anos. "Sempre fui de me entregar ao trabalho. Às vezes até penso em trabalhar menos, mas meu ego adora quando me procuram pra resolver mais um pepino. Mas tenho que reconhecer: de um ano pra cá fui perdendo a coragem, tudo ficou difícil e complicado. Não confio mais em mim e encaro minhas vitórias como farsas. Sinto raiva da humanidade e fico invocado, reprovando a alegria dos outros. Tenho medo do futuro, de errar, de perder tudo. Se me descobrissem um câncer, seria melhor."

2. Se alguém diz "ando meio deprê", em geral pensamos em um período de tristeza, um baixo-astral circunstancial e passageiro. Repare bem, não é o que acontece com essas três pessoas! Elas sofrem o impacto de um estado mental que se instala, que muda a maneira de ser, de ver e de interpretar o mundo. Trata-se de uma doença – depressão – que tem base biológica e hereditária.

O termo *depressão* tem esses dois sentidos: de tristeza e de doença. É fundamental diferenciar uma coisa da outra. O quadro a seguir é para facilitar o entendimento. É preciso reconhecer que, em algumas situações, fazer a diferenciação entre a tristeza, um sentimento normal, e a depressão--doença pode ser difícil.

Característica	Tristeza	Depressão
Duração	Horas a dias	Semanas a meses
Perda afetiva recente	Presente	Geralmente ausente
Autoestima	Preservada	Muito comprometida
Sentir-se um peso para os outros	Ausente	Presente
Desempenho em tarefas cotidianas	Geralmente preservado	Muito comprometido
Às vezes consegue se animar	Geralmente sim	Nunca
Sintomas corporais	Mínimos	Graves
Lentidão psíquica e motora	Leve ou ausente	Geralmente presente
Ideia de suicídio	Improvável	Comum

3. A tristeza é diferente da depressão. A primeira faz parte da vida, tem um potencial transformador. Já a depressão é paralisante, precisa de um tratamento específico.

O BAIXO-ASTRAL DA DEPRESSÃO É INTENSO E PERSISTENTE. FAZ A GENTE SE SENTIR MUITO DIFERENTE DO QUE ERA ANTES.

4

Me sinto um lixo

1. A depressão leva a julgamentos negativos que afetam profundamente a autoestima. Vamos ver dois exemplos:

> **Diego, 17 anos.** "Antes eu era quase um deus, assim perfeito! Mas tudo era pros outros. No fundo, eu não era eu; só precisava da minha imagem. Então, quando mudei de escola, fiquei mal, fui me isolando. Não tinha mais motivação, encanei que não ia dar conta, ficava me culpando por erros bobos nas provas... Estou me sentindo assim, inútil, magrelo e feio – perdi a fome, parei de malhar. Parece que não vou conseguir achar a solução perfeita; que antes eu vou ter que fazer várias coisas erradas. Meu TOC agora é pensar que posso ter TOC... Tenho que ficar confirmando que gostam de mim, que está tudo bem... A palavra que eu mais falo é 'desculpa'!"

Milena, 32 anos. "Três dias de UTI e não consegui morrer! Até nisso eu falhei! Não gosto mais de mim. Minha atitude natural seria não ver ninguém e sumir. Quando vejo as pessoas felizes, penso que é mentira, me armo contra elas. Sei que é culpa minha, essa infelicidade. Estou sem objetivos, apática... Regredi muito, doutor. Vim pra esta cidade, sozinha e sem medo, consegui me formar e trabalhar. Hoje tenho dó de mim, me sinto um lixo!"

2. No caso do Diego, a duração, a intensidade e o impacto dos problemas fugiam do normal. Não era apenas um adolescente em crise de identidade. Seus pais perceberam isso e marcaram a consulta com o psiquiatra. A baixa autoestima e a insegurança conviviam com outros sintomas da depressão: desânimo, falta de apetite, dificuldade intelectual, isolamento social e ideias repetitivas de fracasso e de culpa. Quando o dr. Google o diagnosticou com um transtorno obsessivo-compulsivo (TOC), isso só piorou as coisas. Foi um ingrediente a mais em suas ruminações e cobranças perfeccionistas. Com psicoterapia, Diego melhorou muito, não precisou de medicamentos.

Já Milena precisou de medicamentos antidepressivos, além de afastamento do trabalho e de companhia constante dos pais. Sentia-se destruída e não vislumbrava melhora. O desespero da depressão por pouco não lhe tirou a vida. A recuperação foi relativamente rápida; após um mês de tratamento, a pessoa otimista e diligente estava de volta.

3. A depressão altera radicalmente o modo de pensar, de se ver e de viver. Afeta o passado, o presente e o futuro. A lente da depressão aumenta o tamanho dos problemas e faz que só enxerguemos defeitos e dificuldades, nenhuma luz. Por causa da depressão, deixamos de valorizar nossas qualidades e conquistas.

Ruminações negativas e baixa autoestima são sintomas depressivos que melhoram com o tratamento.

5

Será que eu vou enlouquecer?!

1. Luís e Gustavo se sentem vulneráveis e inseguros, perdidos em ruminações obsessivas. A experiência de estar deprimido é tão marcante e diferente do normal que os dois temem estar enlouquecendo:

> **Luís, gerente de vendas, 47 anos.** "Sempre fui de batalhar, mas já faz dois meses que tenho que me arrastar pra visitar os clientes. Já acordo cansado, aquela melancolia... Não quero tomar banho, tirar o pijama; está difícil até pra fazer a barba. Também ando preocupado com o meu filho maior. Parece que eu não soube educar. Um medo de que ele vai usar droga. Meu Deus, e se ele usar droga? E tem o terreno que a gente comprou pra construir! Todo mundo feliz, fazendo esboços da planta... e eu querendo voltar atrás no negócio, na dúvida: construo,

não construo... Fica martelando, acho que tudo vai ser uma dificuldade. Me sinto perdido e inseguro. Grudei na minha esposa, só durmo se ela segurar a minha mão. Eu não era assim! Será que eu vou enlouquecer?"

Gustavo, garçom, 20 anos. Tudo o que ele queria era trabalhar e progredir. Responsável e eficiente, conquistou a confiança dos patrões, que o haviam transformado em uma espécie de "gerente" da churrascaria. Desde que a depressão começara, estava cheio de dúvidas, encasquetava que tinha que se matar, embora não quisesse e temesse isso. Sentia medo, muito medo, até de dormir. "Não sou mais o que eu era! Será que eu vou ficar louco?" Repetia incessantemente que precisava ficar bem, se eu lhe garantia a melhora. "Não posso perder o emprego, doutor!" A depressão lhe travara a agilidade corporal e mental, e ele perdeu a prontidão e a simpatia com que recebia os clientes. Quando lhe perguntavam algo sobre o cardápio, ficava confuso. Não se lembrava mais do que vinha nos pratos, o que antes sabia de cor e salteado. Fazia um esforço para encontrar as frases, reduzidas a um mínimo de palavras. Após a consulta, ao longo de uma semana, me fez de cinco a dez telefonemas por dia, alguns com intervalos de minutos entre um e outro. Deixava recados aflitos. As perguntas eram sempre as mesmas: "Doutor, não vou ficar louco, né?", "Eu vou ficar bem?", "O senhor garante, então?".[1]

2. A quebra no modo rotineiro de ser e de sentir, a desconexão com os projetos de vida e com o mundo ao redor, a sensação de incapacidade e desamparo, a autoconfiança corroída por erros imaginários e ampliação dos problemas... Essa mudança do eu, aliada a um conjunto de sintomas físicos e mentais, é característica da depressão.

3. A depressão muda a pessoa tão dramaticamente que desencadeia o medo de enlouquecer. Tudo exige um grande esforço, e um negativismo sombrio invade e domina a mente. O futuro parece trágico, e não se vê luz no fim do túnel. Chega-se, às vezes, ao desespero!

A DEPRESSÃO ALTERA DRASTICAMENTE O MODO DE SER. MAS É PASSAGEIRA, VOCÊ VOLTARÁ A SER O QUE ERA.

---

1. A descrição do caso de Gustavo continua no Capítulo 27.

6

Tenho medo de tudo

1. Ao me cumprimentar, não conteve o choro. Procurou minhas mãos com os olhos arregalados, tremia inteira: "Doutor, estou com medo! Me ajuda!". Aos 58 anos, nunca havia passado por isso, estava oprimida por uma sensação de incapacidade e desespero:

> "Há três meses estava bem, organizei com alegria tudo pro Natal, todo mundo lá em casa festejando... De repente veio esse turbilhão! Agora, tudo é problema, não consigo enfrentar a vida como antes. A cabeça, inundada com mágoas do passado.
> Ando fugindo das pessoas, não consigo conversar, tenho medo de que percebam esse meu estado. Também tenho medo da noite, sinto um desespero ao ver que meu marido já adormeceu! Hoje de

madrugada acordei péssima, tudo o que é negativo passando pela minha cabeça. Aquela sensação ruim.

Estou sem coragem, não tenho mais atitude. Minha filha terminou de ter nenê... Não queria me sentir impotente desse jeito, sem condição de ajudá-la. Mas me falta energia, estou amarrada, não consigo fazer nada. É um netinho lindo, mas encasqueto que ele está correndo perigo. Fico apreensiva. Agora tenho medo de tudo!"

2. A depressão pode ter esse caráter inesperado, inusitado e incompreensível. Algo repentino e desconhecido, que "surge do nada", é mesmo amedrontador.

Vale lembrar que nem sempre a depressão chega assim de repente e sem uma razão aparente. Pode ocorrer de, após algum acontecimento marcante, os sintomas da depressão se instalarem e irem se agravando ao longo de semanas ou meses.

3. A aflição, a incapacidade intelectual, o negativismo, a falta de motivação, de energia e de prazer, bem como a desregulação corporal, fazem parte do quadro clínico da depressão. Às vezes, compõem um cenário trágico e ameaçador: "Será que eu vou enlouquecer?", "É um tumor na cabeça?", "Voltarei a ser o que eu era?".

**A DEPRESSÃO AMEDRONTA,
DÁ A SENSAÇÃO DE QUE FOMOS CONDENADOS
A UM DESTINO TRÁGICO.**

7
Uma armadura para trabalhar

1. Entrou, aguardou que eu me sentasse para depois se acomodar no sofá. Carregava três celulares, certificou-se de que estavam desligados. Fitou-me resoluto e declarou: "Emburreci!".

A dificuldade de tomar decisões tinha sido o principal motivo da consulta. Sempre de raciocínio rápido, ele jamais adiaria resoluções importantes. Agora enfrentava aflição e insegurança, sentia-se amarrado, mesmo nas pequenas coisas. A lentidão intelectual dava a sensação de "emburrecimento". A voz, no entanto, permanecia firme e sem titubeio:

> "Minha memória está em frangalhos! O senhor acredita que vou à missa e depois não me lembro do que o padre disse? Imagine! Me transformei num guerreiro quase imprestável. Deixo tudo para o dia seguinte.

Uma simples conta de luz me põe a nocaute. Seguro aquele papel na mão e fico remoendo: 'Mais uma conta, meu Deus! Será que eu vou conseguir pagar?!'".

Contou-me que acordava pior a cada dia, com um aperto no peito. Sentia um medo difuso que o punha de prontidão, aflito e amedrontado. Sempre fora um homem destemido, dedicado ao trabalho e à família. Agora, tremia nas bases e em nenhum lugar se sentia bem.

De repente, bateu as duas mãos no sofá, levantou-se e deu início a um novo pronunciamento. Ele tinha um quê de teatral, ainda que nada do que afirmava soasse falso:

"Doutor, toda manhã eu acordo, levanto meu cadáver, visto a armadura e vou trabalhar! Eu não era assim. O senhor tem que me dizer o que está acontecendo comigo!"

2. Sempre me lembro, com especial carinho, dessa pessoa cativante que, anos mais tarde, lutaria tanto para sobreviver a uma doença neurodegenerativa. Criamos laços! Como esquecer as expressões marcantes e a postura senhorial que tão bem sintetizavam aquele homem e o seu padecimento?

Estava na casa dos 60. Empresário de sucesso, construíra a boa reputação de três empresas que davam emprego a 700 pessoas. Vestia-se com sobriedade elegante, voz ressonante, gestual magnânimo. Visto de longe, quem diria que estava deprimido?

Mas não conseguia se concentrar, o raciocínio era penoso, e ele sofria ao ter que tomar decisões. Sentia-se triste? Não. Tinha acontecido alguma coisa, enfrentava algum problema? Não. Continuava os exercícios, as caminhadas, os bons momentos com os netos nos fins de semana? Sim, sim e sim. Um pouco mais irritado, talvez.

3. A armadura ainda reluzia e levava o cavaleiro para as batalhas diárias. As obrigações eram cumpridas, mas o guerreiro sofria o impacto da depressão. Ele "funcionava" com sofreguidão e cansaço secretos.

A DEPRESSÃO INIBE O PENSAR E A CAPACIDADE DE TOMAR DECISÕES.

8

Só quero dormir...

1. Pelo segundo ano consecutivo, Aline fazia curso preparatório para o vestibular de engenharia. É bem provável que as pressões que ela enfrentava nessa fase da vida tenham contribuído para o início dos sintomas depressivos. Mas por que isso aconteceu exatamente com ela, e não com uma de suas colegas de cursinho? Essa era uma das várias perguntas trazidas ao consultório.

"Quero que a vida passe rápido, que tudo acabe logo e que eu desapareça sem deixar rastros ou lembrança alguma. Perdi a vontade de fazer as coisas que eu curtia, nem WhatsApp dos amigos eu respondo... Só sei comer, parece que é meu único e último prazer! Engordei oito quilos! Só quero ficar deitada e não viver! Faz dois meses que perco as primeiras aulas do cursinho. Simplesmente não consigo me levantar, só quero dormir...

Quando eu tento sair de casa, me sinto desconfortável o tempo todo e em todo lugar. Nesse fim de semana fui ao shopping. Se eu experimentava uma roupa – uma que tinha visto na vitrine e gostado –, parecia que não era pra mim, que eu não era feminina o bastante. Minha postura estava estranha no espelho, tipo meio corcunda. Pra circular entre as pessoas, eu tinha que ficar me agarrando à minha mãe. Os medos de criança parece que voltaram!"

2. Após uma discussão com os pais, um adolescente pode ficar enraivecido, se trancar no quarto e ali permanecer por poucas horas. Nessa fase da vida, é normal alguma instabilidade de humor e de comportamento. Mas dia após dia no quarto, sem se animar a sair? Deixar de cumprir obrigações rotineiras e não se importar com o que antes considerava importante? Mudanças de comportamento acentuadas e duradouras?

Pode ser depressão. A depressão prejudica o desempenho escolar e afasta o adolescente das pessoas queridas. Há diminuição do interesse, descuido com a aparência, mudança no padrão de sono, perda ou ganho inusitado de peso, autoimagem negativa, comentários autodepreciativos, irritabilidade exacerbada, acessos de raiva e comentários sobre morte.

3. Vários fatores se combinam para causar a depressão, incluindo o grau de propensão biológica para a doença.

Durante uma depressão é mais frequente perder o sono, o apetite e o peso corporal. Em contraste, muitos adolescentes, e também indivíduos mais ansiosos, quando deprimidos, passam o dia a consumir alimentos hipercalóricos, o que provoca ganho de peso. E, em vez da insônia da madrugada, tão comum e atroz na depressão, pode haver o desejo de dormir o tempo todo.

> **GANHAR PESO E SÓ QUERER DORMIR PODEM SER SINAIS DE DEPRESSÃO.**

9

Depressão ou esgotamento?

1. Lucila é uma médica de 38 anos, trabalha duro, no mínimo nove horas por dia. Uma vez por semana, dá plantão noturno e, todo terceiro domingo do mês, plantão de 24 horas. Ao entrar no meu consultório, ainda de pé, foi direto ao assunto:

> "Comecei a maltratar meus pacientes, de novo! É o sinal de que eu tenho que voltar aqui. Ando ríspida, impositiva, respondendo com sarcasmo. Nada está bom, ponho defeito em tudo. Você me conhece, sempre fui uma profissional dedicada e – acho eu – educada. Agora rezo pra chover muito, pra pelo menos uns três, quatro faltarem! Quero acabar rapidinho e sem papo. No fim do dia estou acabada, só penso em correr pra casa e me afundar nas cobertas.

É horrível, parece que eu quero matar um. Ontem, por uma bobagem, gritei com a Tati, fiz ela chorar. Tadinha, tem só cinco anos e já tem que me aguentar. Depois, ela veio de mansinho, começou a escovar meu cabelo. Então sussurrou delicada: 'Mamãe, você não está bem. Não é melhor chamar o médico?'"

2. Como Lucila já se conhece, ela não descarta a possibilidade de estar no início de uma depressão. Trabalha muito e sabe que reúne várias características pessoais que podem levar ao esgotamento e, do esgotamento, à depressão: falta de flexibilidade, perfeccionismo, onipotência, necessidade de manter o controle, idealização da profissão, expectativas irrealistas, adia gratificações em nome do dever e julga-se insubstituível.

Nem sempre o profissional reconhece a síndrome do esgotamento profissional, também chamada de *burnout*, em si próprio. Pode adotar uma espécie de couraça protetora e negar a vulnerabilidade pessoal.

3. O *burnout* debilita o organismo e abre as portas para as doenças. Com frequência, ele leva à depressão e ao abuso de álcool.

A síndrome do esgotamento profissional compreende três grupos de sintomas:

Síndrome do esgotamento profissional

Sintomas físicos	Sintomas emocionais	Sintomas comportamentais
Fadiga	Desinteresse	Queixas frequentes
Dor de cabeça	Baixa autoestima	Absenteísmo
Distúrbios gastrointestinais	Irritabilidade	Querer apenas se desvencilhar
Hipertensão arterial	Humor mórbido	Erros profissionais
Alterações do sono	Frieza	Tratar os outros com rispidez
Dores musculares	Ceticismo	Dar rótulos depreciativos às pessoas
Sonolência diurna	Sarcasmo	Descrença na possibilidade de ser ajudado

O ESGOTAMENTO PROFISSIONAL PODE LEVAR À DEPRESSÃO.

10

Tudo me irrita

1. Entraram os dois juntos no consultório, e a esposa tomou a iniciativa:

"Ele fica isolado e em silêncio, sem sair do quarto. Entro lá e ele está sempre deitado, de cara fechada. Finge que está assistindo TV que é pra não falar com a gente. Se eu me aproximo e puxo conversa, só ganho desprezo, às vezes uma bela grosseria. Parece que é só ele que sofre e que o mundo está contra ele. Teimoso, não quer tomar os remédios do coração. Está cada vez mais intolerante e mal-humorado! O senhor tem que dar um jeito nele, doutor!"

O marido se manteve calado. Depois que a esposa nos deixou a sós, ele disparou:

"Vou me abrir com o senhor: De fato, tudo me irrita! Como se diz, eu estou de sa-co chei-oooô! É que eu não aceito o rumo que a minha vida tomou! Sempre me apeguei a Deus e ele nunca tinha me deixado assim desamparado! Primeiro foi o ataque cardíaco; depois, de brinde, uma aposentadoria por invalidez goela abaixo. Eu sou lá homem de fazer repouso e de me poupar, doutor? De depender de remédios?"

Conteve a revolta crescente, manteve a face crispada. De repente, se transfigurou. O choro convulsivo, que por poucos segundos lhe escapou, foi calado por duas inspirações ruidosas:

"Estou tendo essas crises, doutor, mas ninguém sabe! Me tranco no banheiro e forço a toalha contra a boca, que é pra ninguém ouvir. O que minha mulher e minhas filhas iriam pensar se vissem esse bagaço de homem?"

2. Nem sempre um dilema íntimo e secreto é revelado assim prontamente. Em geral, pacientes mal-humorados primeiro tentam nos inocular certa dose de irritação e má vontade, como acontecia cada vez que a mulher se aproximava desse homem e tentava puxar conversa.

No entanto, a experiência clínica ensina que, ao interagir com pessoas irritadiças, irritadas ou irritantes, temos que aguentar firme e aguardar que a parte submersa do *iceberg* se revele! É onde se mantêm escondidos os sinais de uma depressão até então encoberta.

3. Algumas pessoas acometidas por depressão ficam mais irritadas do que propriamente "deprimidas". O que mais se exterioriza depende, sobretudo, da personalidade e do grau de empenho em cumprir expectativas sociais.

A IRRITAÇÃO PERSISTENTE É UMA DAS FACES DA DEPRESSÃO.

11

Distimia: o mau humor que é um mal do humor

1. Em alguns de nós há certa dose de melancolia. Pode ser algo evidente, e, assim, nos sentirmos, ou sermos vistos, como pessoas mais tristes. O traço melancólico pode, às vezes, permanecer escondido em um recanto do ser, bem camuflado por seu contrário. O que sobressai, então, pode ser a insistência em gracejos; ou, mesmo, a obstinação. Uma paciente assim me contou:

> "No fundo, dentro da minha alma, eu me arrasto pela vida. A minha vontade era de não estar viva. É que disfarço bem! Sempre disfarço! Ninguém percebe!"

Conseguimos disfarçar. Sorrimos, somos capazes de amar, trabalhar e fazer acontecer. Ninguém vai reparar em nossa sensação de vazio, de incompletude, de não fazer parte de uma parcela de pessoas que conseguem, simplesmente, ser felizes.

Em alguns de nós, o que fica mais saliente não é a tristeza em si, mas um mau humor crônico, com tendência a críticas ácidas e ao destempero verbal. Incomoda. É um constante "estar de mal com a vida". Pode ocorrer de esse modo de ser se exacerbar e passar dos limites considerados normais.

Será, então, que um traço latente de personalidade pode se transformar em algo doentio que chega a incomodar e a prejudicar o sujeito e as pessoas mais chegadas a ele?

2. Sim, isso pode acontecer. É quando a tristeza se transforma em depressão. Se nos observarmos mais atentamente, confirmaremos que estamos mais sombrios, menos interessados em novidades, avessos a encontros e reuniões sociais, disparando críticas desnecessárias. Ao mesmo tempo, carregamos um peso, uma sensação de cansaço corroendo o ser. Podemos até conseguir dar conta das obrigações, só que terminamos o dia extenuados. E com pouca – muito pouca! – paciência com os outros.

3. Esses são sintomas de uma forma atenuada e prolongada de depressão, conhecida pelo nome de *distimia*.[2] É quando o mau humor se transforma em um mal do humor. Nesse caso, o que se observa é a exacerbação de traços de personalidade que já existiam e que se mostravam menos acentuados.

---

2. O Capítulo 26 retoma e aprofunda o tema da distimia.

A "transformação" de traços de personalidade em *distimia* depende das definições que adotamos para uma coisa e outra, bem como da combinação de vários fatores. Pode ser a passagem do tempo, com a ativação de genes até então inativos, pode ser alguma perda ou decepção, um conflito ou um período mais crítico da vida.

A DEPRESSÃO CORRÓI O SER E A ALEGRIA DE VIVER.

12

Sexo? Silêncio total no *front*!

1. Roberta é uma dentista de 31 anos. Veio se consultar por causa da depressão. Em dado momento da consulta, eu lhe perguntei como andava a vida sexual:

> "Que bom que o senhor me perguntou! Tinha até esquecido. Estou no zero a zero há três meses! E, sinceramente? Não sinto falta! Tá muuuitoooo estraaaaaanho! Pra mim, sexo sempre rolou sem problema. Já achei que eu não era normal; ninfomaníaca, pensei. Minhas amigas sempre reclamam, querem meninos românticos, lentinhos... Aaaafff, que sono! Beijinho e mi-mi-mi dão nervoso, não preciso de aquecimento! 'Ô, querido, pode ir direto ao ponto?!' Mas agora, doutor, pode passar o homem mais lindo e rico das galáxias que aqui nada se manifesta. Sexo? Silêncio total no *front*!"

2. A depressão tira a motivação e a alegria de viver, a vida fica sem graça. No caso de Roberta, o interesse por sexo, até então saliente, desapareceu completamente.

Não é apenas o apetite por sexo que diminui muito ou desaparece. Nem os pequenos prazeres dos atos corriqueiros resistem à doença. A vovó simpática, que exultava ao reunir os netos no café da tarde, agora lamenta:

> "Não quero ver gente em casa. Quando toca a campainha e percebo que são eles, me sobe um arrepio. Então me esforço, ponho a mesa... Continuo fazendo, mas não é a mesma coisa. Preferia estar só no meu canto, quietinha. Será que eu deixei de amá-los? Ai, que vergonha, doutor! O senhor deve estar me achando uma avó desnaturada..."

O professor aposentado, que sempre foi "fissurado por noticiários e pelo Timão", passava as manhãs lendo jornal, com o rádio ligado nas notícias. E, quando tinha jogo do Corinthians, não desgrudava da TV.

> "Agora eu me irrito só de ouvir, de longe, qualquer aparelho de som ligado, nem passo na frente. Que prazer a gente pode ter, doutor? Tudo é uma chateação!"

Antes ele jamais perderia os jogos de seu time de futebol e os telejornais da noite. Agora tudo mudou, está até pensando em cancelar a assinatura do jornal. As notícias sem graça estão empilhadas num canto da sala.

3. *Anedonia* é o nome dessa incapacidade de sentir prazer, um dos sintomas centrais da depressão. Ao esvaziar o sabor das coisas de que gostávamos, a anedonia deixa a vida monótona e sem graça. De mãos dadas com a desesperança, a anedonia alimenta a sensação de que a alegria de viver nunca mais voltará.

> COM A MELHORA DA DEPRESSÃO,
> VOLTAM OS PRAZERES DA VIDA.

13

De madrugada começa o martírio

1. A palavra "angústia", originalmente, significa aperto, estreitamento. É o que esse paciente sente no peito quando acorda de madrugada e perde o sono:

> "De madrugada começa o martírio! Acordo sobressaltado e aflito. Como se a pata de um elefante pressionasse meu peito. Parece que uma onda me sobe até a cabeça e me traz a sentença: 'Taí sua carga!'. É com essa angústia que eu começo os meus dias... Tá difícil suportar isso! Começo cada manhã com essa apreensão, como se aquele fosse o último dia da minha vida."

2. A depressão faz a pessoa acordar bem mais cedo do que de costume. Inicia-se, então, uma batalha entre permanecer

na cama com a cabeça cheia de preocupações ou se levantar para enfrentar o dia, "a sentença" de mais um dia.

A angústia costuma ser mais forte no período matinal. O mal-estar continua até a hora do almoço e vai melhorando a partir do final da tarde. Algumas pessoas chegam a se sentir bem à noite, mas o martírio recomeça na manhã seguinte. É o que se chama de *ritmo circadiano* da depressão. Esse ciclo, sentido como interminável, leva à exaustão e à descrença quanto à possibilidade de melhora.

3. A insônia da depressão é grave e começa na madrugada. Em geral, é preciso usar um medicamento para manter o sono.

Em contraste, algumas pessoas deprimidas, sobretudo os adolescentes, sentem muita sonolência durante todo o dia e procuram mais a cama.

Vale lembrar que dormir, além de necessidade, é condicionamento. Observamos isso claramente nos animais e nos bebês. A vida adulta, no entanto, prolonga as horas noturnas em trabalho, TV e internet. São hábitos que podem dar início ou agravar a insônia. Na segunda parte deste livro, em "Medo de não conseguir dormir...", damos algumas dicas de como recondicionar o sono ou, como disse um paciente, "treinar dormir".

A ANGÚSTIA DA DEPRESSÃO COSTUMA VARIAR AO LONGO DO DIA E SER MAIS FORTE DE MANHÃ.

14

Um gosto amargo na boca

1. "*Tutti buona gente!*". Logo de início, ele se entusiasma ao me contar a saga da família. Neto de italianos, orgulha-se por manter viva a empresa fundada pelo avô. Afirma que tem muita vontade de viver e que faz muitos planos: "Mas é claro que mantenho a fé e a esperança! Só me falta conhecer a Itália, um sonho que eu tenho! Já estou com 81 anos, mas chego lá!".

No decorrer da consulta, revela o que mais o aborrece e o trouxe à consulta. Declara-se cansado da *via crucis* que tem feito por médicos e dentistas, por causa do gosto amargo que sente: "Não encontram nada de errado na minha boca!". Quando lhe perguntei sobre o sentimento de tristeza, sua resposta foi enfática:

"Não, doutor, não estou triste; o que estou é desacorçoado! O senhor sabe o que significa? Não se usa mais essa palavra hoje em dia... Sinto esse amargor na boca, a língua grossa... É isso que me incomoda! Pelejo, pelejo, e não há melhora. É sorvete, é limão, é tudo o que me ensinam, mas não adianta! Minha mulher faz de tudo pra ver se eu me animo, mas perdi o gosto pela comida, não tenho mais paladar. Parece que fui comido por cupim, fui secando. Perdi 16 quilos em dois anos!"

O filho acrescentou que seu pai sempre foi um homem disposto, de pular da cama cedo, tomar café rapidinho e ser o primeiro a chegar ao trabalho. "Nos dois últimos anos, não vai mais todo dia à empresa. O pessoal até estranha. Está mais quieto, apagado, assim meio paradão. Deixou de animar as conversas, parou de jogar bocha e de liderar as ações dos vicentinos. Diante de tantos exames que deram todos normais, o médico da empresa disse que, 'então, só pode ser depressão!'."

2. Sobretudo em idosos, a depressão pode vir sem tristeza. São comuns as queixas de falta de apetite e má digestão, boca amarga, dificuldade para engolir, estômago embrulhado e intestino preso. A perda de peso é quase uma constante, assim como a quietude e o retraimento social.

Às vezes são as dores corporais e as alterações sensoriais que mascaram a depressão: "peso nas pernas", "canseira nos braços", "vazio na cabeça" e "não conseguir achar apoio no chão" são algumas das expressões usadas para descrever o mal-estar. Esses sintomas, aliados ao emagrecimento acentuado, fazem o paciente suspeitar de uma doença mortal, cujo diagnóstico lhe omitem ou ainda não se evidenciou.

3. A queixa principal centrada no corpo pode mascarar a natureza do problema. É preciso seguir as pistas que se insinuam a partir das queixas corporais: "Sinto dor nas duas pernas, bem no osso. Por isso eu economizo passos, não saio mais de casa e nada me anima". Nesse caso, uma avaliação cuidadosa poderá revelar a concomitância da tendência à quietude e ao retraimento social, comumente presentes na depressão do idoso.

SINTOMAS FÍSICOS COM EXAMES NORMAIS, ACOMPANHADOS DE RETRAIMENTO SOCIAL, DESMOTIVAÇÃO E EMAGRECIMENTO SÃO COMUNS NA DEPRESSÃO.

15

O álcool aprisiona a dor

1. O paciente estava causando na recepção? Chama a Gertrude! Um aluno queria aprender técnica de curativo? Era com ela mesma! Faltando bloco de receituário? Está na mão, doutor! Ela era uma dessas pessoas com quem se podia contar. Foi homenageada por várias turmas de formandos.

Trinta anos depois, já médico, chegou a minha chance de lhe retribuir. Era ela ali na sala de espera do meu consultório. Simpática, sorridente, mantinha a elegância discreta. Gertrude?! Cumprimentos efusivos, lembranças dos anos em que eu era "um menino"! Mas havia algo estranho naquele sorriso. Ele ameaçava se apagar e voltava, assim meio amarelo, após um tremor sutil do músculo risório.

2. Gertrude havia relutado em vir à consulta. Mas o filho percebeu o problema e a fez prometer que buscaria ajuda. Havia meses não se sentia bem, é verdade. Pensou que a

aposentadoria seria um sossego, mas não foi. Sentia-se só, os dois filhos já tinham crescido e moravam fora. Sim, o marido era um bom companheiro, mas saía cedo para o trabalho e só retornava à noitinha.

Era doloroso começar cada manhã. Para engatar o novo dia, tinha que tomar um pouco de vinho. Era assim que a "agora digníssima dona de casa" obtinha energia para iniciar suas tarefas. Depois de beber, era capaz de "fazer tudo feliz". Não procurava álcool à tarde ou à noite.

> "Gosto dos chilenos, sabe? Preciso só de uma ou duas taças de manhã. Sendo bem franca... nem sempre são uma ou duas taças... Às vezes, tomo uma garrafa!"

À medida que progredíamos na conversa, duas coisas foram ficando bem claras: o efeito euforizante do álcool apenas acobertava, temporariamente, os vários sintomas de uma doença: a depressão. O antigo hábito de Gertrude havia se tornado uma necessidade incontornável; além de deprimida, ela estava dependente de bebida alcoólica.

3. A depressão pode se disfarçar no ritual diário de um *happy hour*, ou na bebidinha relaxante de toda noite. É um conhecido círculo vicioso e aprisionador: o álcool não diminui, ele *aprisiona a dor*!

Se você responder SIM a uma das perguntas seguintes,[3] talvez seja preciso repensar seu hábito de beber:

- Você já pensou em diminuir a quantidade de bebida alcoólica, ou mesmo parar de beber?
- As pessoas o aborrecem porque criticam como você anda bebendo?
- Você se sente chateado consigo mesmo pela maneira como costuma tomar bebidas alcoólicas?
- Você costuma tomar bebidas alcoólicas pela manhã para diminuir o nervosismo ou a ressaca?

---

3. As perguntas foram adaptadas de um famoso questionário de *screening* que auxilia na detecção de uso abusivo de bebidas alcoólicas. Ele é conhecido pelo acrônimo CAGE, o qual ajuda o entrevistador a se lembrar das quatro perguntas a serem feitas (*Cut down, Annoyed, Guilty, Eye-opener*) (Mayfield e McLeod, 1974).

16

Meus piores momentos...

1. Pessoas normalmente alegres e otimistas... Por causa da depressão, podem chegar ao desespero:

> **Antônio, 59 anos.** Estufa o peito e diz: "Sei atirar bem, doutor, aprendi com meu avô. Costume de família, a arma e o tiro certeiro; desde criança disputando quem tinha a melhor pontaria!". Então apaga o sorriso orgulhoso, abaixa os olhos e muda o tom: "A verdade é que perdi a esperança, doutor. Ontem abri a gaveta do criado-mudo, peguei o revólver e engatilhei. Fiquei ali uns 15 minutos, eu e a arma, um olhando pro outro. Se o senhor quiser saber o que me impediu, eu lhe digo: minha filha não merece isso. Ela é a coisa mais linda dessa minha vida de merda!".

Joana, 47 anos. "Minhas lojas me exigem a maquiagem impecável e esse meu visual *fashion*. Incorporei isso! Recebo todo mundo bem, sempre sorrindo, o dia inteiro pulando de uma loja pra outra. Sabe aquela coisa de estar em dois lugares ao mesmo tempo? Essa sou eu! Tenho que animar a festa pra continuar a vender, o senhor sabe. Ai, mas tem uma segunda cena nos meus dias: o shopping fechando, eu sozinha no meu carro, o choro no caminho pra casa. Chego, abro um vinho, lambisco alguma coisa e, quando me dou conta, estou semibêbada, sozinha no apartamento deserto. Um desespeeeeero! Enquanto tiro a maquiagem, a cara toda borrada, me olho no espelho e uma ideia não me sai da cabeça: por que você não se atira por aquela janela? Então choro, choro... e rezo, rezo, rezo... Meu Deus, não me abandone!"

2. A depressão causa uma dor profunda, que parece que nunca terá fim. Os problemas se ampliam e só se vê o lado negativo das coisas. A depressão impede que enxerguemos saídas. Nos sentimos presos e paralisados por um sofrimento insuportável e sem solução. Não se vê razão para continuar vivo.

De início, o pensamento de tirar a própria vida costuma ser assustador. Ele é rejeitado por uma ou várias razões. No entanto, à medida que o sofrimento cresce e se torna intolerável, a morte (e, em consequência, a cessação da consciência da dor psíquica) passa a ser vista como a única saída. É quando o risco de suicídio aumenta muito.

3. No fundo, o suicídio pode não visar exatamente à morte – apenas imaginamos o que possa ser a morte. O que se busca, muitas vezes, é a cessação da dor psíquica. Como não temos um botão de *pause*, o suicídio parece ser a única maneira de interromper o desespero. Não conseguimos enxergar outra saída!

O SUICÍDIO É O DESFECHO TRÁGICO
DE UMA DOR QUE TEM REMÉDIO.
PROCURE SE ABRIR COM UMA PESSOA DE CONFIANÇA!

17

Não vou ser mais um com depressão!

1. Suspirou fundo. Se, para o médico, tratava-se de uma comunicação rotineira, para Beatriz foi um alívio ter ouvido o diagnóstico dela: depressão.

> "Quer dizer que existe um nome para a minha aflição e que outras pessoas também se sentem assim? Se o que eu tenho é depressão, então um tratamento poderá me ajudar..."

Um alento. Era exatamente o que Beatriz esperava quando decidiu procurar um médico. Um diagnóstico foi capaz de garantir um lugar seguro, dentro do conhecimento médico, para o que era disforme e amedrontador. Enfim, ela poderia sair de uma posição de estranhamento e de inércia.

Naquela mesma tarde, depois da Beatriz, veio o Paulo, que, ao final da consulta... Bem, não era nada do que ele esperava ouvir de seu médico. Não, não estava com depressão, defendeu-se:

> "Lá em casa também acham isso que o senhor disse! Mas, pra mim, quem encarnava essa figura da depressão era a minha avó. Ela, sim! Aquele ar pesado, o andar lento, as mãos sempre tendo que amparar o peso da cabeça... Só reclamava da vida e vivia se intoxicando de remédios. Me desculpa a franqueza, doutor, mas o senhor tem certeza? Essa tal de depressão não é um modismo, não? Porque eu me conheço: é só estresse! Vou é pra um *spa*! Não vou ser mais um com depressão!"

2. As duas reações são comuns e compreensíveis. Para Beatriz, o diabo ficou menos feio quando ele foi chamado pelo nome. Discriminar um perfil clínico e nomeá-lo era o início de uma estratégia. Uma hipótese diagnóstica daria um norte e levaria a ações terapêuticas.

Paulo, inconformado, sentiu-se vítima de um modismo. O rótulo de depressão não lhe fazia justiça. Um estresse, com menos estigma, seria mais aceitável do que depressão.

A depressão sempre existiu, não é doença da moda. Estudos populacionais confirmam que a frequência da doença aumentou, sobretudo em jovens. Já o conceito de estresse se originou da física, relacionado à pressão à qual um corpo é submetido. O termo foi adotado pela biologia, que estudou as respostas fisiológicas do organismo a situações aflitivas. A psicologia encampou o estresse em sua subjetividade, reconhecendo-lhe três fases: apreensão, luta e esgotamento. É um didatismo. Quando comento sobre isso com um paciente, em geral ouço de volta: "No meu caso, doutor, são as três coisas ao mesmo tempo!".

3. A natureza da depressão é diferente do que se entende por estresse, ainda que possa se originar desse último e com ele se confundir. Para discriminar uma coisa de outra é necessária uma avaliação clínica cuidadosa.

> **PODE NÃO SER SÓ UM ESTRESSE!**
> **É IMPORTANTE PEDIR AJUDA E,**
> **SE FOR O CASO, INICIAR UM TRATAMENTO.**

18

Os poderes da mente, mas nem tanto...

1. Parecia se desculpar por estar ali comigo. Cláudia era uma professora universitária de 43 anos. Me contou constrangida que havia tido câncer de mama e que, fazia um mês, se recuperava de uma mastectomia. Seu relato era meticuloso e ordenado na linha do tempo. Primeiro, a discreta deformidade do mamilo que tinha chamado sua atenção. Logo procurou seu ginecologista, que então a encaminhou para um especialista; passou pelos procedimentos pré-cirúrgicos, os pais vieram de longe para apoiá-la...

Não era exatamente tristeza o que ela transmitia, era mais um acanhamento do que tristeza. Fiquei intrigado, mas continuei a ouvi-la e a observá-la em silêncio.

Sempre renovo meu treino nesse ponto: quando me vem o primeiro impulso de, no atropelo, fazer perguntas e interromper o fluxo de pensamento de quem começa a me contar sua história, me contenho e permaneço um tempo a mais calado, atento ao que ouço, atento aos sentimentos que aquela pessoa desperta em mim.

Eu me perguntava por que ela se encolhia enquanto me contava sua história. Não foi preciso aguardar muito. Minha suspeita provou-se verdadeira:

> "A verdade é que eu não consigo aceitar como foi que minha mente permitiu que eu tivesse esse câncer! É isso que me dói mais, é isso que me envergonha! Sempre tentei lidar racionalmente com meus problemas e, quando me convenci de que só a razão não dava conta, fui fazer psicanálise. E agora, após anos de divã, eu ganho esse câncer de mama?!"

2. Sim, nossa mente tem poderes, mas nem tanto! Cláudia somava o peso da autoacusação ao impacto emocional de um diagnóstico. Por ter tido câncer, tinha falhado!

Ela havia construído uma teoria pessoal, acreditava *ipsis literis* no "mente sã, corpo são". Será que tinha se valido da psicanálise como uma vacina mental que impediria o desvario das células? Quem sabe... Afinal, estávamos no início da década de 1980, impregnados de uma concepção que "psicologizava" todo o funcionamento corporal.

À medida que fui conhecendo melhor essa paciente, foi se evidenciando o seu temperamento melancólico. Reflexiva e exigente demais consigo mesma, acabava alimentando alguns pesos e dores. Estava fora de sua consciência e de seu controle, e seu estoicismo parecia agregar maior valor à existência.

3. Muitos pacientes se acusam por terem se deixado vencer pela depressão; como essa paciente, pelo câncer. Às vezes, a insinuação de que a própria pessoa causou a doença vem de pessoas próximas e do preconceito social.

Não se culpe por estar deprimido!
Já basta a dor da depressão!

19

Eu não queria tomar remédio

1. Quando percebemos que algo estranho rompe o silêncio do corpo, ou quando uma preocupação insiste em ocupar nossa mente, em geral pensamos: "Vou dar um tempo, vou tentar fazer tal coisa, e vai passar". A gente só pensa em procurar um médico se os sintomas perdurarem e começarem a incomodar. É normal não querer tomar remédios, mais ainda se for um medicamento psiquiátrico!

> "Quando eu vi, já estava muito pra baixo. Quem me sinalizou foi meu marido. Eu estava uma pilha de nervos, chorando por qualquer coisa, bebendo todo dia, com dificuldade de me focar no trabalho... Foi duro vir aqui, tenho pavor de pensar em depressão por causa da história da minha mãe e do mundo de remédios que ela tomava."

2. Gostaria de comentar algumas das objeções que já ouvi em relação à depressão e ao seu tratamento:

Objeção	Comentário
É apenas uma fase, vou me esforçar e ficar bem!	A experiência confirma que podemos superar um período de baixo-astral passageiro mudando o foco das preocupações, saindo para um passeio ou caprichando na atividade física, por exemplo. Essas estratégias, no entanto, não funcionam para "vencer" uma depressão. Isso porque a depressão é diferente da tristeza normal e passageira; ela é uma doença que requer tratamento.
E se, primeiro, eu tentar só com psicoterapia?	Para depressões mais leves que vêm em reação a certas circunstâncias, a psicoterapia é, de fato, uma boa opção. No entanto, em casos mais graves, é aconselhável uma "ajuda química", aliada ou não à psicoterapia.
Prefiro a homeopatia e os medicamentos naturais.	Essa forma de pensar deve ser respeitada. No entanto, o tratamento de condições clínicas mais graves requer conhecimentos e recursos científicos atualizados. A depressão grave é penosa e prejudicial o bastante para exigir o uso de medicamentos de comprovada eficácia.
Um antidepressivo produzirá um resultado artificial, deixarei de ser eu!	Não vamos dar tanto poder assim a alguns comprimidos! Você não deixará de ser você! Ao contrário, com um antidepressivo você poderá se tranquilizar, retomar o controle e viver melhor. Se o medicamento causar uma mudança indesejável de comportamento, isso terá sido um efeito adverso raro e plenamente contornável.

Tenho medo de ficar dopado e dependente do remédio, como a minha avó.	Os primeiros antidepressivos podiam causar sedação. Além disso, certos médicos do passado exageravam na prescrição e evitavam interagir com o paciente. Tudo isso mudou bastante. E um lembrete importante: os antidepressivos não causam dependência!

Quando os sintomas da depressão não são intensos, quando se encontram direta e proporcionalmente relacionados a um conflito, ou a um acontecimento recente, e quando sua duração não é excessiva, o mais recomendável é fazer uma psicoterapia. Não se usam medicamentos. Em casos mais graves, os antidepressivos são imprescindíveis. E, para isso, é preciso consultar um psiquiatra.

3. O preconceito de que "psiquiatra é médico de doido" veio dando lugar ao conhecimento e ao reconhecimento. Muitos profissionais da saúde passaram a aconselhar seus pacientes mais gravemente deprimidos a buscar a ajuda de um psiquiatra e a tomar antidepressivos.

SE VOCÊ SUSPEITA ESTAR DEPRIMIDO, PROCURE UM MÉDICO. ISSO PODERÁ SER O PASSO DECISIVO PARA A SUA MELHORA!

20

Cuidado com o dr. Google!

1. A filha era uma criança espevitada. Sempre se machucava, vivia com manchas roxas nas pernas. Naquela manhã, a menina tinha acordado com febre e coriza, o corpo dolorido. "Pegou a gripe do pai, melhor não ir à escola", pensou a mãe. E deixou-a dormir. No entanto, no meio da manhã, uma pulga atrás da orelha levou-a ao computador: "Febre, manchas roxas na pele, dores...". A resposta irrompeu na tela e congelou sua alma: LEUCEMIA!

Com o mundo desabando, embrulhou a filha no cobertor e foram direto para o pronto-socorro. Depois, um horário urgente com o pediatra de confiança. No dia seguinte, com um hematologista. Ainda assim, a ameaça não lhe saía da cabeça:

"Não, não, não! Estava tudo bem, tudo bem! Decerto, era só a mesma gripe do pai... O médico tentou me tranquilizar, mas e se aquele 0,0001% de chance de o problema se complicar acontecesse com a minha menina?!"

2. Mais uma vez o dr. Google tinha entrado em ação e errado! As informações sobre doenças e tratamentos trazidas pela internet já ajudaram e continuarão a ajudar muita gente, mas é preciso analisar com cautela o que ali se lê:

Há um acúmulo de informações negativas. Funciona assim: se uma pessoa completar um tratamento médico e se sentir bem, provavelmente voltará a viver a vida sem reclamar. No entanto, se o tratamento lhe fizer mal, será maior a probabilidade de ela registrar o ocorrido em uma página da internet.

O dr. Google não filtra nem pondera como um profissional experiente, ele apenas reúne informações de todo tipo. O que permite a um médico chegar a um diagnóstico é a combinação de três fatores: avaliação cuidadosa do paciente, experiência clínica e conhecimento crítico da literatura científica.

3. Na vigência de uma depressão, há uma boa razão para evitar o dr. Google: as distorções negativas da mente depressiva interferem no modo habitual de captar e analisar as informações. Quando deprimidos, tendemos a selecionar e a ampliar os aspectos negativos dos acontecimentos, das lembranças e das sensações. Uma sombra se abate sobre nossos julgamentos. Damos menos valor ao que é bom e nos

perdemos em dificuldades, preocupações e autoacusações. Para uma pessoa deprimida, a internet pode ser assustadora.

Quando os pensamentos pessimistas tendem a dominar a mente, cuidado com o dr. Google!

21

Quando vou ficar bem?

1. A depressão é assim: não nos animamos, por melhor que esteja a festa! Podemos estar em um lugar bonito ou divertido, com gente agradável ao redor, mas não nos sentimos conectados. É comum a sensação de um peso incapacitante, não conseguimos achar graça nas coisas, só pensamos em fugir dali. Isso aumenta a sensação de inadequação e de culpa.

> "No mês passado fiz uma superviagem com amigas, tudo planejadinho... Mas não consegui aproveitar nada! Não devia ter ido, eu já estava pra baixo, mas insisti. Só via o lado ruim das coisas, estava implicante... Não conseguia parar de pensar na minha idade, na solidão, no que ia ser de mim. Fui ficando apagada e recolhida. Não conseguia começar o dia,

sair para os passeios... Fui um desmancha-prazeres. Acabei dando trabalho e estraguei tudo! Olha, mesmo antes de vir me consultar comecei a tomar o mesmo antidepressivo que me ajudou da outra vez! Já faz uma semana, e eu estou na mesma! Quando vou ficar bem?"

2. É preciso ter paciência. O início da ação de um antidepressivo demora, em média, duas semanas. Esse é o tempo necessário para um rearranjo bioquímico no cérebro. A recuperação completa de uma depressão pode levar um pouco mais de tempo.

A dose do antidepressivo deve ser ajustada até um nível adequado e mantida diariamente. Também é errado fazer a experiência de tomar "um pouco menos" do que o médico prescreveu. Se, tomando a medicação regularmente, a melhora não vier entre duas e três semanas, aí sim pode-se pensar em alterar o esquema de tratamento. Hora de respirar fundo e aguardar, de novo, o tempo mínimo necessário!

Um problema adicional é que, durante um período inicial de adaptação, o antidepressivo pode causar alguns efeitos adversos. Náusea, letargia, insônia e inquietude são os incômodos mais comuns, em geral leves e passageiros.

3. Em geral, a depressão melhora com o tratamento, ainda que isso demore um pouco mais do que paciente, médico e familiares gostaríamos. No mínimo, duas semanas

de medicação, que deve ser tomada diariamente na dose recomendada!

O EFEITO DOS ANTIDEPRESSIVOS NÃO É IMEDIATO. É PRECISO MANTER A CALMA E A PERSISTÊNCIA!

22

Você tem que melhorar!

1. A depressão paralisa. A sensação de culpa por não conseguir reagir é um acréscimo cruel ao peso da depressão. Uma lista de "eu tenho que" fica martelando na cabeça. E cadê o botão de *start*? A depressão vai minando a motivação, a iniciativa e a energia:

> **Marisa, 44 anos.** "Não tenho mais coragem de mexer com as plantas! Vivo insegura, com travas e medos. Tudo me apavora, transformo os problemas em catástrofe. Adio o que tenho que fazer e estou sempre esperando algo ruim acontecer. Tenho medo de viver e tenho medo de morrer, as duas coisas ao mesmo tempo! Sinto vergonha de estar assim, me sinto uma preguiçosa, empurrando a vida. As pessoas me cobram uma reação, mas eu simplesmente não consigo!"

Dionísio, 58 anos. "Sei tudo o que eu deveria fazer, mas não sou capaz de me mexer e reagir. Até fazer barba, cortar unha, coisas assim banais, tudo é um sacrifício. Parece que estou sendo arrastado pra um abismo. Não consigo pensar em coisas boas. A minha doença é esta: lembrar das coisas que perdi no passado e me culpar por não conseguir reagir!"

2. A sensação de culpa é incrementada por pessoas que, às vezes bem-intencionadas, fazem uma verdadeira convocação para a melhora: "Você tem que melhorar! Só depende de você! Comece uma academia!". Isso só aumenta o desconsolo de quem sofre a paralisia – e não a "preguiça" – da depressão.

A melhora da depressão não se alcança com as mesmas técnicas que usamos para enfrentar um desânimo passageiro ou uma fase de baixo-astral. Quantas vezes não foi preciso afirmar e reafirmar para um paciente: "Não depende de você! Pare de se cobrar!"?

Sim, a melhora da depressão também depende de algum esforço de quem está deprimido. Mas pensemos em iniciativas possíveis e razoáveis, pequenos passos, nos momentos adequados. Não poderá ser uma maratona ou uma corrida de obstáculos; será um caminhar devagar, com estímulo discreto e com o apoio de pessoas queridas por perto.

3. Para os casos mais graves, a melhora da depressão dependerá, sobretudo, do tratamento com um medicamento. O esforço pessoal para melhorar precisará ser dosado, um

passo de cada vez. Se você está deprimido e alguém está a lhe cobrar "uma reação" ou fica insistindo no "só depende de você!", mostre-lhe este texto, como também o Capítulo 27, "Força de vontade não cura depressão".

Força de vontade, sozinha, não cura depressão.

23

Você tem dez novas mensagens

1. Decretar uma moratória

"Se você tivesse sido atropelado por um caminhão e sobrevivesse, já imaginou como seria sua recuperação, como levaria algum tempo?" Essa é a pergunta que às vezes faço a um paciente mais ansioso ou que está se cobrando em demasia. E completo: "Então, se você está sofrendo de depressão, de alguma forma você foi atropelado pelo destino!".

Se a depressão estiver relacionada a uma perda ou uma adversidade, o sentido da vida terá de ser ressignificado. A passagem do tempo será o remédio capaz de digerir emocionalmente o que lhe aconteceu. Uma psicoterapia também poderá ajudar.

A melhora levará um tempo. Adie decisões importantes, decrete uma moratória! Combine consigo mesmo: "Até determinada data, não me obrigarei a dar uma solução para tal problema; por enquanto, vou me proteger, cuidar de minha saúde e aguardar melhores dias!".

2. Mudar a lente

A lente da depressão tira as cores da vida, amplia as dificuldades e faz esperar o futuro de maneira trágica. São comuns as ideias de incapacidade, de ruína e de culpa. Por isso, evite tirar conclusões enquanto estiver deprimido.

Procure contrastar os pensamentos negativos atuais com as realizações de que foi capaz e com os objetivos de vida que sempre manteve. Registre em um papel os pontos positivos de sua vida – uma pessoa próxima, que o conhece bem, pode ajudar nisso. Nos momentos mais difíceis, releia o que escreveu para se lembrar. Procure mudar a lente do negativismo e da desesperança.

3. O maior inimigo do bom...

Você já ouviu falar que o maior inimigo do bom é o ótimo? Confirmando: a depressão impossibilita o mesmo desempenho do passado; não é possível dar conta de todas as obrigações, como você fazia antes.

O nível de exigência precisa diminuir e temos que nos contentar com o bom. Reavalie algumas metas de curto prazo, já que a impossibilidade de cumpri-las baixará ainda mais a sua autoestima. Se estiver muito difícil no trabalho, será melhor tirar uma licença médica.

4. Mudar o foco

Tente tirar o foco das preocupações. Não é fácil, é verdade, mas qualquer ganho significará menos sofrimento. Para mudar o foco, costumo sugerir, além de uma programação sensata de atividades ao longo da semana, a mudança de ação e de posição do corpo: se estiver sentado e começarem as ruminações, levante-se e dê alguns passos, vá tomar um copo d'água, observar algo da natureza, o céu...

Em caso de rompimento amoroso, é preciso parar de monitorar, nas redes sociais, o seu amor perdido. Sei que essa recomendação é difícil de ser seguida, pois luta-se contra um comportamento condicionado, semelhante ao que ocorre em casos de dependência química: o desejo e a gratificação já não são como antes, mas o querer e o sentimento de necessidade condicionam a busca por alívio.

O prazer associado a essa procura de sinais relacionados ao amor perdido se mantém mais em uma memória idealizada do que na realidade compulsiva de um ritual de verificação.

E se, ouvindo música, você começar a se entristecer, desligue o som ou pule para a próxima. O importante é tentar não escavar, cada vez mais, o buraco da depressão.

5. O momento de cada passo

Se não há motivação nem energia para sair do lugar, então será preciso ensaiar pequenos passos, um de cada vez.

Se o período da manhã for o mais difícil – isso é comum na depressão –, aproveite o fim de tarde para fazer algo que lhe proporcione algum alívio. Experimente algumas alternativas e procure se dedicar a atividades reconfortantes, que não exijam muito esforço.

Aconselho programar com antecedência alguns afazeres ao longo da semana, registrá-las em um papel, com a ajuda de alguém que o apoie. Tudo na medida do possível, uma coisa por dia, como uma rápida saída, um cuidado com a aparência, um filme, um café da tarde.

Quando for se sentindo melhor poderá incrementar as atividades, mas sempre de modo escalonado e prudente. Por exemplo, fazer uma caminhada de 30 minutos, de segunda a sexta-feira, é altamente recomendável para recobrar e manter o ânimo. Mas é algo para ser tentado apenas quando você já se sentir pelo menos 50% melhor da depressão. Obrigar-se a isso no auge da doença é crueldade consigo!

6. Lembrar que a depressão vai passar

A sensação de não haver luz no fim do túnel faz parte de uma experiência sofrida da depressão. Felizmente, ela é limitada no tempo e desaparece com a cura da doença. É fundamental se lembrar desse caráter transitório dos sintomas.

É como naquele momento em que o comandante do avião nos avisa para apertar o cinto de segurança, pois atravessaremos uma área de turbulência. Temos que manter a esperança de que o pior vai passar, que a viagem seguirá tranquila e que chegaremos ao nosso destino.

É muito importante manter isto em mente: a depressão vai passar!

7. Tirar a média dos dias

Previna-se contra as oscilações que normalmente ocorrem durante o processo de recuperação. Há dias bons e dias ruins. Esses últimos, quando interrompem uma sequência de esperançosa melhora, costumam ser vivenciados como algo devastador.

Para avaliar o resultado do tratamento da depressão, devemos tirar a média dos dias. Não se apavore com oscilações ocasionais de seu estado de ânimo. Elas são normais ao longo do tratamento.

8. Vida espiritual

Muitas pessoas deprimidas conseguem manter um fio de esperança ao reforçarem a espiritualidade e a prática religiosa.

Mas há algo muito sofrido que pode acontecer na vigência de uma depressão grave: perder a fé ou não conseguir orar. Se você está deprimido e se sente assim, não se culpe! É a depressão! Ela nos tira tudo de bom, incluindo a fé e a sensação de amar alguém. Às vezes, a gente precisa orar, também para recobrar a fé e o amor.

9. Aceitar ajuda

Comparecer às consultas, participar das conversas, interagir, tudo exige um esforço incomum de quem está deprimido. Nós nos sentimos distantes ou desconectados, sem ressonância afetiva e, frequentemente, um peso para os outros. Por isso, preferimos o isolamento e nos irritamos com quem insiste na interação. E, pior, às vezes nutrimos a desconfiança de que as pessoas não são sinceras quando tentam se aproximar.

Se preferimos o isolamento e não conseguimos valorizar os que tentam nos ajudar, não é por desconsideração e ingratidão. É que a depressão impede a percepção de que temos qualidades e somos queridos, de que podemos, sim, confiar em alguém e aceitar sua ajuda.

Evite o isolamento imposto pela depressão, procure se cercar de pessoas queridas.

10. "Tinha uma pedra no meio do caminho, no meio do caminho tinha uma pedra..."

A depressão é uma circunstância difícil. Como na poesia de Drummond, a doença nos obriga a parar na estrada e no tempo (Andrade, 1967). Ruminação, a pedra que não sai da mente. Impotência, não há força para mover a pedra. Peso de pedra, imobilidade de pedra, de depressão que paralisa. Se nada enxergamos adiante, como abrir caminho?

Para não ficar paralisado ali, no meio da estrada, é preciso tomar distância, mapear o terreno, aceitar o trecho difícil do percurso, a ser trilhado a pequenos passos, cuidadosamente. Talvez lhe dê algum alento ouvir isto: superada a depressão, você voltará a caminhar como antes, a estrada da vida terá ganho um valor diferente, com outros significados. Não estou fazendo apologia do martírio; é um testemunho da clínica que você confirmará.

Gostaria de terminar esta primeira parte do livro relembrando um romance de Fernando Sabino chamado *O encontro marcado*. Ali há um parágrafo inspirador, que, por sintetizar tão bem uma visão de vida, foi transformado em poesia muito citada. Será que você a conhece?

> De tudo ficaram três coisas:
> A certeza de que estamos sempre começando,
> A certeza de que é preciso continuar,
> A certeza de que seremos interrompidos antes de terminarmos.
> Por isso, é preciso fazer da interrupção um caminho novo;
> Da queda, um passo de dança;
> Do medo, uma escada;
> Do sonho, uma ponte;
> Da procura, um encontro!

PARTE II
PARA QUEM DESEJA AJUDAR

24

Mensagem para você

Quando imaginei a estrutura deste livro, julguei que os capítulos a seguir seriam mais adequados para os familiares de uma pessoa acometida pela depressão e não exatamente para quem se encontrasse deprimido.

Os capítulos são um pouco mais longos. Isso pode tornar a leitura mais custosa para uma pessoa deprimida. A depressão reduz a motivação e a energia para atividades, incluindo a leitura.

- Se você está deprimido, não se cobre a leitura de todo o livro! Por outro lado, se estiver conseguindo ler e se interessando pelo conteúdo, vá em frente!
- Se você for um familiar, lembro que há várias informações sobre depressão na primeira parte do livro, que foi idealizada pensando mais, porém não só, em quem se encontra deprimido. Veja, por exemplo, o capítulo anterior.

As pessoas em geral, e mesmo profissionais de saúde, cometem alguns equívocos em relação à depressão.[1] Neste capítulo e nos seguintes, nos guiaremos por três desses equívocos:

---

1. Botega et al., 1992; Botega e Silveira, 1996.

- *Diagnóstico:* Não fazer distinção entre depressão e tristeza.
- *Preconceito:* Acreditar que apenas as pessoas mais frágeis ficam deprimidas.
- *Tratamento:* Não seguir as recomendações médicas e as evidências científicas sobre os melhores recursos terapêuticos.

Segundo uma estimativa da Organização Mundial da Saúde, a depressão é uma doença que acomete 280 milhões de pessoas. Aproximadamente 5% dos adultos do planeta (4% dos homens e 6% das mulheres) sofrem de depressão.[2] No Brasil, estudos populacionais indicam que, ao longo da vida, 17% das pessoas têm pelo menos um episódio da doença.[3]

A depressão é uma das doenças que mais causam incapacitação e se associa à maioria dos casos de suicídio.[4]

A depressão tem bases biológicas que estão sendo cada vez mais estudadas e esclarecidas.[*] É uma doença de natureza distinta da tristeza ou do desânimo que sentimos naturalmente em alguns momentos da vida (ver quadro no Capítulo 3). É preciso reconhecer, no entanto, que a diferenciação entre depressão e tristeza pode ser difícil de ser feita, como em certas situações de luto. O mesmo pode ser dito em relação à diferenciação entre uma personalidade com traços depressivos e uma depressão crônica.

Pessoas que já passaram por uma depressão sabem que ela é bem diferente da tristeza. Por isso, em certas situações de vida, elas conseguem se tranquilizar com a convicção de que é apenas uma fase mais triste, e não um novo episódio da doença. Certa vez assim me falou uma paciente:

---

2. WHO, 2023.
3. Silva et al., 2014.
4. Bertolote e Fleischmann, 2002.
*. Apesar da determinação biológica, ainda não há exames laboratoriais para confirmar o diagnóstico de depressão. O diagnóstico se baseia em critérios clínicos adotados internacionalmente, como veremos mais à frente.

"Foi um ano difícil... Tive um rompimento de ligamentos da mão esquerda, depois uma pneumonia que me custou cinco dias de internação. Na metade do ano, perdi um cunhado muito querido, de câncer. Agora estou triste porque meu filho mais velho se separou. Mas estou triste por um motivo; agora sei diferenciar. Posso dizer que estou bem, apesar da tristeza. Não estou deprimida."

Mais de 10% das mulheres grávidas ou que deram à luz recentemente têm depressão.[5] No Capítulo 47, "Depressão pós-parto", há o relato de uma jovem mãe que, deprimida, não conseguia cuidar do bebê. Em meio a recriminações relacionadas à maternidade (ela se culpa por não sentir um amor imediato e incondicional pelo recém-nascido), lembra-se de que um dia sua mãe também teve depressão. Sente-se, então, ainda mais culpada, pois, no passado, "não acreditou" na doença de sua mãe:

"Agora eu sei o que a minha mãe passou com a depressão que ela teve. Eu não imaginei que fosse assim. Como ela conseguiu suportar? Naquele tempo, eu não dei tanta atenção, achei que ela apenas estava exagerando, que iria melhorar se ela se ajudasse mais. Agora fico mal, pedindo desculpa pra ela dez vezes por dia, porque não dei tanta importância. Então minha mãe me abraça, diz que já passou, que é pra eu curtir o meu bebê... Mas eu não consigo cuidar desse bebê, sinto vergonha de dizer isso, mas não consigo!"

Até aqui, abordamos algumas situações relacionadas ao primeiro equívoco: não diferenciar tristeza de depressão. Vamos, agora, dar uma passadinha pelo segundo equívoco: já ouviu alguém dizer que "quem é forte não chora!"? Será que isso é verdade? Quem pensa assim, muito provavelmente também acredita que só fica deprimido

---

5. Woody et al., 2017.

quem é fraco, que ficar deprimido é algo natural da velhice e que a cura da depressão só depende do esforço pessoal.

É importante lembrar: mesmo pessoas que sempre foram dinâmicas, alegres e otimistas podem sofrer de doenças, inclusive de depressão. Não são apenas os indivíduos mais "frágeis" que ficam deprimidos. A hereditariedade tem um peso marcante – moderado, se comparado à elevada hereditariedade da esquizofrenia –, e vários membros de uma família podem ser afetados pelo problema.

A HEREDITARIEDADE DOS TRANSTORNOS MENTAIS

A herança genética associada aos mais graves transtornos mentais é poligênica, ou seja, envolve a combinação de vários genes, e não um gene único. Além disso, esses transtornos resultam da interação entre genes e acontecimentos da vida, numa interessante combinação de biologia e biografia.

Genes e fatores ambientais interagem para determinar o que entendemos por *suscetibilidade*. Infecções intrauterinas, principalmente as ocorridas no segundo trimestre da gestação, podem aumentar o risco de transtornos mentais, como a esquizofrenia.

Após o nascimento, situações traumáticas ocorridas precocemente na infância são capazes de desregular a expressão de genes envolvidos na arquitetura e nas funções normais de um cérebro ainda em formação. A metilação do DNA (ácido desoxirribonucleico) cromossômico é uma das pontes moleculares entre a herança genética contida no cérebro e os efeitos de experiências traumáticas na infância precoce.

Trata-se das chamadas alterações *epigenéticas*, que não mudam a estrutura dos genes em si, mas sim a sua ativação ou desativação – a expressão genética –, vindo a determinar, no início da idade adulta, a propensão a certos transtornos mentais.

O abuso e a negligência sofridos por uma criança podem desencadear, por exemplo, alterações do gene que modula o transporte da serotonina, a ponto de aumentar em quatro vezes o risco de a pessoa sofrer de depressão na idade adulta.

Alterações genéticas como a exemplificada ocasionam problemas no neurodesenvolvimento e no funcionamento dos circuitos cerebrais, principalmente na região do hipocampo e do hipotálamo. Com isso, há uma resposta anormal do indivíduo ao estresse, o que aumenta a vulnerabilidade para os transtornos mentais.

Outra modalidade de interação entre genes e ambiente está na direção inversa do que explicamos até aqui, ou seja, alguns genes levam a um comportamento disfuncional da criança, e, em resposta, o ambiente reage negativamente a ela. Cria-se um círculo vicioso e sinérgico: certos comportamentos condicionados geneticamente desencadeiam respostas negativas do ambiente – *feedback* negativo – que farão o indivíduo ficar mais deprimido, reforçando sua propensão biológica.

Dentre as depressões, o peso da hereditariedade é maior nas formas recorrentes e na depressão de início precoce (adolescência e início da vida adulta).

Alguns resultados de pesquisas sugerem a possibilidade de, no futuro, termos à disposição testes genéticos capazes de indicar graus de risco em relação a determinadas características da depressão, como tipo de progressão da doença, resposta a antidepressivos específicos e propensão ao suicídio.

Fontes: Caspi e Moffit, 2006; Fabbri e Serretti, 2015; Hoffmann et al., 2017.

A depressão, como outras doenças mentais, resulta da interação entre fatores genéticos hereditários e fatores ambientais. Genes que alteram os circuitos reguladores do humor e adversidades sofridas durante a infância (abusos, negligência) são considerados fatores predisponentes da depressão. Fatores ambientais mais recentes (como estresses psicossociais, uso de substâncias psicoativas) são considerados desencadeantes da doença.[6]

A suscetibilidade biológica (conjunto de fatores predisponentes) é necessária, mas pode não ser suficiente. Nesse caso, é preciso um acontecimento que aja como "gatilho" para que a depressão se inicie. Em relação a isso, devemos esclarecer dois pontos:

- Não se deve tentar explicar "a causa" de uma depressão a partir, unicamente, de eventos recentes. Essa é, entretanto, uma tendência natural de nosso raciocínio. Costumamos fazer uma relação linear entre um acontecimento e o início da doença. Não é bem assim, pois muitas pessoas podem ter passado pelo mesmo tipo de problema e não foram acometidas pela depressão. Na realidade, focalizamos as causas recentes e aparentes, pois temos a necessidade de, ao racionalizar contextos, nos acalmar diante do que sentimos ou observamos de modo indefinido ou inexplicável.
- Quando a suscetibilidade é elevada, a depressão pode se iniciar, independentemente da existência de um acontecimento estressante recente ou aparente. Nessa eventualidade, os pacientes costumam dizer que sua depressão "veio do nada". Sabemos, entretanto, que não é bem assim. A combinação de fatores genéticos e ambientais precoces pode, na idade adulta, dar início à doença.

---

6. Labonté e Turecki, 2010; Saavedra et al., 2016.

Em relação ao terceiro equívoco, relacionado ao tratamento da depressão, registramos aqui apenas algumas notas iniciais:

- O preconceito e a falta de conhecimento ainda fazem muitas pessoas duvidarem não só da existência de uma doença, como também do potencial benefício do tratamento da depressão.
- Por outro lado, será que há excesso de prescrições de antidepressivos? Sim. Algumas pessoas respondem positivamente a uma tendência à medicalização das tristezas da vida e buscam avidamente uma pílula que lhes traga alívio.
- E no grupo de pessoas que sofrem de depressão há prescrições de menos de antidepressivos? Sim, é uma evidência de estudos científicos. Muitas pessoas não recebem um diagnóstico e um tratamento antidepressivo adequado.
- Os medicamentos antidepressivos devem ser usados em casos mais graves da doença. Em geral, os antidepressivos desenvolvidos mais recentemente não são perigosos para a saúde. Não causam dependência. Entretanto, riscos e efeitos adversos existem e devem ser considerados.[7]
- É preciso superar a dicotomia: *depressão compreensível = psicoterapia*; *depressão não compreensível = psicofármacos*. Quando a gravidade, a duração e as consequências dos sintomas depressivos são acentuadas, devemos considerar o início de uma medicação antidepressiva, ainda que possamos ter uma compreensão psicossocial sobre o que desencadeou e mantém a depressão.

É verdade que alguns médicos se apressam em prescrever medicamentos psicotrópicos para pessoas que, angustiadas ou tristes, vão à consulta. Na realidade, essas pessoas precisam mais de bons ouvidos do que de drogas calmantes ou antidepressivas.

---

7. Ghaemi, 2013; Carvalho et al., 2016.

Por outro lado, alguns pacientes ainda ouvem de seus psicoterapeutas que o alívio dos sintomas proporcionado por um psicofármaco mascara um conflito inconsciente que precisa se expressar. São poucos, felizmente, os profissionais que ainda insistem nessa teorização, já ultrapassada pelo conhecimento científico.

Ou seja, há muito para conversarmos. Nesta segunda parte do livro, há várias mensagens para você!

25

As faces da depressão

O conciso panorama de perfis sintomatológicos que se segue mostra como a depressão tem várias faces. Algumas características da depressão chamam mais a atenção; outras, menos. A depressão pode, ainda, se associar a outras patologias e permanecer camuflada sob um quadro clínico variável, que depende das circunstâncias e da personalidade.

De acordo com o perfil sintomatológico predominante, a depressão recebe distintas adjetivações e, importante, responde melhor a um tipo específico de antidepressivo.

Quando a personalidade é ansiosa e energética, a depressão faz a tonalidade do humor saltar para a irritabilidade. Antes alegre e positiva, a pessoa vai ficando intolerante, rude e mesmo mal-educada. Costumamos chamar de *disforia* essa apresentação da depressão em que há acentuada irritabilidade, como no relato a seguir:

> "De pavio curto, doutor? Pior! Acho que nem tenho mais pavio. Como se diz, estou irritado até com minha sombra. Imagine que ando tratando mal meus clientes, quero sair correndo do escritório. Tornou-se um fardo sorrir e ser gentil.

Tenho essa aspereza... Estranho, pois nunca fui assim. Também nunca fui de gritar com as crianças, como agora..."

Para algumas pessoas, o marcante de uma depressão não é a tristeza, é a sensação de vazio e de anestesiamento emocional. Há uma estranheza de si e do mundo, falta sentido para as coisas. Esses sentimentos costumam ser angustiantes e podem levar ao desespero:

"Sinto que morri por dentro, sinto esse vazio logo que acordo, de madrugada. Olho para as coisas ao meu redor, e elas perderam o sentido... Hoje de manhã tentei me distrair, mas não consegui. Nada me acalmava, eu simplesmente não sabia o que fazer com o meu corpo e com a minha cabeça. Perdi o controle sobre mim mesma. Um desespero. Eu faria qualquer coisa pra acabar com aquilo!"

A depressão tira a motivação e a energia, afetando a capacidade de sentir prazer ao fazer coisas que antes traziam satisfação e alegria. Esse sintoma é denominado *anedonia*. No Capítulo 12, há o relato de uma avó que precisa se esforçar para continuar a preparar o café da tarde para os netos. Ela os recebe, põe a mesa, mas sem o entusiasmo de antes. "Será que eu deixei de amá-los?", pergunta-se. Culpa-se por se sentir "uma avó desnaturada", também por ter perdido a fé: "Não vejo graça nas coisas, não sinto mais a presença de Deus".

A depressão afeta a capacidade de realizar tarefas que exigem esforço intelectual. A sensação é de que existe um bloqueio mental. Fica difícil se concentrar, memorizar, raciocinar, tomar decisões. Por causa da depressão, a capacidade de iniciar ações e de se adaptar a novas situações também fica bloqueada. A pessoa se sente indecisa, sobrecarregada e tende a adiar tudo o que puder, como ilustra o relato a seguir:

"Não consigo prestar atenção, ler um texto sem me perder. A memória, então... Antes, tudo o que tinha que fazer, eu tirava de letra! Sabe aquilo de fazer dez coisas ao mesmo tempo? Pois eu era assim! Agora estou sempre com medo, adiando tudo, parece que eu vou tomar a decisão errada."

Em adolescentes, a depressão é um estado mais duradouro do que a instabilidade emocional que pode acompanhar essa fase da vida. A doença envolve mudança persistente de comportamento, retraimento social, crises de raiva, mau desempenho escolar e pensamentos de morte. Não é raro que o problema se revele no abuso de álcool e de outras drogas psicoativas. Em geral, os sintomas depressivos vêm em meio a vários conflitos. Não bastarão os antidepressivos, a psicoterapia será imprescindível:

"Faz duas semanas que não vou às aulas, não consigo acordar. Tenho medo de dormir e estou trocando o dia pela noite. Em março tive que mudar de unidade do cursinho, por causa do *bullying*, rompi com os amigos...

Passo o tempo todo no quarto, não saio nem pra ir ao cinema. Outro dia fui a um barzinho e, depois de cinco minutos lá, tive que sair pra chorar. Me sinto um fracasso, é isso, e ninguém tá nem aí comigo! Me excluo e me excluem...

O pior é que sou perfeccionista, me culpo por tudo o que não consigo cumprir. Por causa do medo de fracassar, nem tento fazer as coisas. Não assumo responsabilidades, parece que eu não vou chegar a lugar nenhum. Meus pais dizem que estou assim pra chamar atenção, por pirraça. Mas não tá no meu controle."

A depressão não é uma consequência natural do envelhecimento, como muitas pessoas podem pensar. Em idosos, a doença se manifesta, caracteristicamente, com tendência ao isolamento, diminuição da interação social e fadiga excessiva. A perda de peso é quase uma constante:

> "Estou lutando com essa dor nas costas e essa tontura. Já fui a neuro, otorrino... Fiz eletroencefalograma, otoneurológico, ressonância da cabeça e da coluna. Tudo normal. Também me amarga demais a boca, sinto um inchaço na boca do estômago, estou com problema de digestão... A comida não tem sabor, emagreci sete quilos. Perdi a coragem pra cozinhar, bordar, e não tô podendo com muita conversa. Estou desanimada até pra atender o telefone, peço para dizerem que não estou. Estou irreconhecível, doutor, não me cuido mais, eu que costumava tomar até três banhos por dia!"

Em idosos, é comum o surgimento de vários sintomas corporais,* que não se explicam nem melhoram com os recursos usuais. Esses sintomas somáticos podem mascarar a depressão, retardando o diagnóstico e o tratamento. Antigamente, chamava-se essa circunstância de *depressão mascarada*.

Outra forma frequente de apresentação da depressão em idosos é a chamada *depressão vascular*, associada a pequenas lesões vasculares confluentes e consequentemente isquemia, em regiões cerebrais que modulam o humor. No quadro clínico, são marcantes a ausência de um histórico de depressão, a lentificação psicomotora, as alterações cognitivas, a apatia e a incapacidade funcional. As alterações da autoestima, as avaliações negativas a respeito de si e dos acontecimentos e o pessimismo são menos proeminentes.

---

*. São comuns as queixas de falta de apetite devido à boca amarga ou ao "estômago embrulhado". "Peso nas pernas", "canseira nos braços", "vazio na cabeça" são algumas das inúmeras expressões usadas para descrever o mal-estar físico que pode mascarar a depressão.

A *depressão melancólica* é a forma de apresentação clínica da doença que melhor responde ao tratamento com antidepressivos.[8] Ela é mais grave, com falta de motivação e de energia. Há marcante lentificação psicomotora que se expressa na aparência facial, nos gestos e no andar. Costuma haver um ritmo característico ao longo do dia – ritmo circadiano –, com insônia na madrugada e piora dos sintomas no período da manhã.[*] São frequentes os pensamentos de autoacusação e de culpa e, ocasionalmente, a ideação suicida.

Devido ao início relativamente rápido e à ausência de fator desencadeante externo, essa forma de depressão também já foi chamada de *depressão endógena* – que nasce dentro –, querendo-se dizer, com isso, que há uma determinação biológica.

Até a década de 1980, a *depressão endógena* era contraposta à *depressão neurótica*, essa última não vinculada ao biológico, mas a conflitos inconscientes que recebiam um entendimento psicanalítico. A partir de nova classificação de doenças mentais promovida pela American Psychiatric Association, essa distinção deixou de ser feita e criou-se uma denominação por demais abrangente: *major depression*.[9]

Na grande maioria das vezes, a depressão provoca perda do apetite e emagrecimento, como também insônia. Há casos, entretanto, em que a pessoa deprimida passa a comer mais e a ganhar peso. Nesses casos de *depressão atípica*, também há sonolência diurna, piora vespertina, sensação de peso nos membros e humor mais facilmente irritável e reativo ao que se passa no meio ambiente.

Em alguns casos, a depressão tem um caráter cíclico. Em regiões do planeta onde há menor incidência de luz solar durante o inverno, observam-se as chamadas *depressões sazonais*. Um recurso de tratamento, nesses casos, é a fototerapia, em que o paciente é submetido a períodos sequenciais de exposição à luz artificial.

---

8. Khan e Brown, 2015.
*. A variação na intensidade dos sintomas tem relação com o nível do cortisol, produzido pelas glândulas suprarrenais, ao longo das 24 horas. A concentração sanguínea do cortisol costuma estar elevada durante a depressão e o estresse (Jones e Benca, 2015).
9. APA, 1980.

O caráter cíclico de sintomas depressivos também se observa ao longo do ciclo menstrual. Em algumas mulheres, há casos em que os sintomas emocionais ficam tão exacerbados que o fenômeno deixa de ser considerado normal e passa a ser denominado *transtorno disfórico pré-menstrual*, uma das atuais categorias diagnósticas dos transtornos depressivos (ver Capítulo 43).

Em relação ao surgimento cíclico de sintomas depressivos, temos que considerar, aqui apenas citando, o *transtorno afetivo bipolar*, em que fases de depressão se alternam com fases de humor eufórico/irritadiço/agressivo. A temática é abordada nos Capítulos 34, 35 e 49.

Há formas muito graves de depressão, felizmente raras. Na *depressão psicótica*, há ideias delirantes, sobretudo de ruína e de perseguição. Na *Síndrome de Cotard*, há um peculiar delírio de ausência de órgãos corporais, que são tidos como mortos ou roubados. Nessas duas eventualidades, o humor deprimido distorce o juízo e provoca as convicções delirantes, como no caso a seguir.

O senhor Norberto, de 68 anos, era um cartorário aposentado que caiu em profunda depressão. Era um homem de compleição frágil e gestos inseguros, e o adoecimento tirou-lhe ainda mais a vitalidade. A depressão o havia aprisionado em medos delirantes. Estava convencido de que iria, junto com sua família, passar fome. Passou a exigir que a esposa reduzisse pela metade o tamanho dos bifes, guardando o excedente no *freezer*, à chave. Um dia, a filha precisou tirá-lo do espaço que ficava sob o telhado da casa. Mantinha-se lá havia três dias, ora escondido dos perseguidores imaginários, ora espreitando o movimento da rua. Ninguém iria lhes roubar a comida!

No *estupor catatônico*, o paciente permanece deitado e estático, não reage a estímulos – nem sequer pisca –, perde o controle dos esfíncteres e deixa de se alimentar. Para essas formas graves de depressão, a eletroconvulsoterapia (ECT) é o tratamento mais rápido e eficaz.[*]

---

[*] Cercada de receios e preconceitos, a eletroconvulsoterapia é abordada no Capítulo 48.

Em geral, homens têm mais dificuldade do que as mulheres para admitir que não se sentem bem emocionalmente e que necessitam de ajuda. Podem se tornar mais calados, mal-humorados e irritadiços, mais propensos ao abuso de bebidas alcoólicas, bem como a crises de raiva quando contrariados. Essa é uma regra geral, com várias exceções, a depender da personalidade.

O quadro a seguir contém um pequeno glossário de termos usados pelos médicos ao se referirem à depressão. Nem todos são "oficiais" e constantes das modernas classificações, mas, como persistem no linguajar psiquiátrico, é útil mencioná-los.

> *Episódio depressivo.* A tradução oficial da Classificação Internacional de Doenças distorceu o sentido da expressão em inglês, que se refere a uma "depressão episódica" (*episodic depression*), aludindo ao caso de pessoas que têm uma depressão – episódica – ao longo da vida.[10] Um termo equivalente é *major depression*, usado na classificação norte-americana de transtornos mentais (ver Capítulo 42).
>
> *Depressão recorrente.* Para muitas pessoas, a depressão volta de tempo em tempo. A chance de um novo episódio da doença aproxima-se de 100% após o terceiro episódio. Em um período de 20 anos, costuma haver de cinco a seis episódios de depressão.
>
> *Curso da doença.* Em geral, a duração de um episódio depressivo não tratado varia de quatro a trinta semanas. Quadros mais graves, de seis a oito meses. Mesmo com o tratamento, entre 15% e 30% dos pacientes, dependendo da população e das definições adotadas, terá sintomas

---

10. OMS, 1993.

residuais da depressão ou sofrerá de um quadro depressivo crônico.

Recaída e recorrência. Falamos em recaída quando há agravamento dos sintomas de um episódio depressivo não totalmente curado. É o que acontece, por exemplo, quando uma pessoa decide interromper o tratamento. Recorrência é um novo episódio de depressão. Aproximadamente 50% das pessoas que têm um primeiro episódio depressivo voltarão a enfrentar um novo episódio no prazo de cinco anos.

Depressão bipolar. O Capítulo 49 é especialmente dedicado a esse tema. Quando um episódio depressivo ocorre em pessoa que também passa por períodos de elevação patológica do humor, sendo essa elevação do humor polarizada na euforia ou na irritabilidade/agressividade, o médico passa a pensar em um diagnóstico de transtorno afetivo bipolar.

Depressão psicótica. Certas pessoas que sofrem de depressão grave podem distorcer tão fortemente a realidade que chegam a fazer juízos equivocados (ideias delirantes) e a agir segundo tais juízos, desconectando-se da realidade. Os delírios mais frequentemente encontrados em quadros depressivos graves envolvem ruína corporal, colapso financeiro e ideias paranoides.

Depressão reativa. É ocasionada por um acontecimento externo, com alívio dos sintomas quando essa situação estressante deixa de existir. Usam-se, também, as expressões *reação* ou *transtorno de ajustamento depressivo*.

Depressão atípica. Nesse caso, a pessoa é mais propensa a reagir depressivamente em resposta aos acontecimentos (humor reativo). Pode, por exemplo, reagir fortemente ao se sentir rejeitada. Há mais ansiedade, sensação de peso nos membros e inver- são dos sintomas vegetativos mais frequentemente observados em pessoas deprimidas, ou seja: aumento do apetite, em vez de falta; sonolência diurna, em vez de insônia noturna; e despertar precoce.

Escalas de depressão. A partir de algumas perguntas-chave, alguns instrumentos de rastreamento (*screening*) detectam prováveis "casos" de depressão. Tais instrumentos são usados em estudos populacionais, ou como um recurso para medir a gravidade dos sintomas depressivos. A Escala Hospitalar de Ansiedade e Depressão (HAD) está entre as mais famosas. A versão em português foi validada em pacientes hospitalares e ambulatoriais. Em cada uma das subescalas há sete itens de ansiedade (A) e sete de depressão (D). Em cada subescala, pontuações a partir de 8 são sugestivas de quadros de ansiedade ou de depressão. A escala HAD encontra-se no fim deste capítulo.

Fontes: Botega et al., 1995, 1998, 2017; OMS, 1993; APA, 2014.

Até aqui abordamos diferentes facetas da depressão. No entanto, algumas pessoas deprimidas conseguem esconder seu sofrimento dentro de uma espécie de *couraça*. Com esforço se cuidam, batalham, não se mostram tristes. Tão somente um ou outro sinal sutil da depressão é revelado.

É como um *iceberg*: de longe, apenas um ponto de realce – um sintoma ou uma queixa. De perto, na profundidade, encontra-se todo um cortejo de sintomas depressivos submersos. É preciso reconhecer: nem sempre a presença da doença é rapidamente evidente.

ESCALA HOSPITALAR DE ANSIEDADE E DEPRESSÃO (HAD)

Por favor, leia todas as frases. Marque com um "X" a resposta que melhor corresponder a como você tem se sentido na última semana. Não é preciso pensar muito em cada questão. Vale mais a sua resposta espontânea.

A (1) **Eu me sinto tenso ou contraído.**
   3 ( ) A maior parte do tempo.
   2 ( ) Boa parte do tempo.
   1 ( ) De vez em quando.
   0 ( ) Nunca.

D (2) **Eu ainda sinto gosto (satisfação) pelas mesmas coisas de que costumava gostar.**
   0 ( ) Sim, do mesmo jeito que antes.
   1 ( ) Não tanto quanto antes.
   2 ( ) Só um pouco.
   3 ( ) Já não sinto mais prazer em nada.

A (3) **Eu sinto uma espécie de medo, como se alguma coisa ruim fosse acontecer.**
   3 ( ) Sim, de um jeito muito forte.
   2 ( ) Sim, mas não tão forte.
   1 ( ) Um pouco, mas isso não me preocupa.
   0 ( ) Não sinto nada disso.

D (4) **Dou risada e me divirto quando vejo coisas engraçadas.**
   0 ( ) Do mesmo jeito que antes.
   1 ( ) Atualmente, um pouco menos.
   2 ( ) Atualmente, bem menos.
   3 ( ) Não consigo mais.

A (5) **Estou com a cabeça cheia de preocupações.**
   3 ( ) A maior parte do tempo.
   2 ( ) Boa parte do tempo.
   1 ( ) De vez em quando.
   0 ( ) Raramente.

D (6) **Eu me sinto alegre.**
   3 ( ) Nunca.
   2 ( ) Poucas vezes.
   1 ( ) Muitas vezes.
   0 ( ) A maior parte do tempo.

A (7) **Consigo ficar sentado à vontade e me sentir relaxado.**
   0 ( ) Sim, quase sempre.
   1 ( ) Muitas vezes.
   2 ( ) Poucas vezes.
   3 ( ) Nunca.

D (8) **Estou lento (lerdo) para pensar e fazer as coisas.**
   3 ( ) Nunca.
   2 ( ) Poucas vezes.
   1 ( ) Muitas vezes.
   0 ( ) A maior parte do tempo.

A (9) **Tenho uma sensação ruim de medo (como um frio na espinha ou um aperto no estômago...).**
   0 ( ) Nunca.
   1 ( ) De vez em quando.
   2 ( ) Muitas vezes.
   3 ( ) Quase sempre.

D (10) Perdi o interesse em cuidar da minha aparência.

3 ( ) Completamente.
2 ( ) Não estou mais me cuidando como deveria.
1 ( ) Talvez não tanto quanto antes.
0 ( ) Me cuido do mesmo jeito que antes.

A (11) Eu me sinto inquieto, como se não pudesse ficar parado em lugar nenhum.

3 ( ) Sim, demais.
2 ( ) Bastante.
1 ( ) Um pouco.
0 ( ) Não me sinto assim.

D (12) Fico esperando animado as coisas boas que estão por vir.

0 ( ) Do mesmo jeito que antes.
1 ( ) Um pouco menos do que antes.
2 ( ) Bem menos do que antes.
3 ( ) Quase nunca.

A (13) De repente, tenho a sensação de entrar em pânico.

3 ( ) A quase todo momento.
2 ( ) Várias vezes.
1 ( ) De vez em quando.
0 ( ) Não sinto isso.

D (14) Consigo sentir prazer ao assistir à TV, ouvir música, ou quando leio alguma coisa.

0 ( ) Quase sempre.
1 ( ) Várias vezes.
2 ( ) Poucas vezes.
3 ( ) Quase nunca.

Ponto de corte em cada subescala: ≥ 8

26

Nuvens, em vez de gavetinhas

É só depressão, mesmo? Essa dúvida assalta muitas pessoas. Especialmente nos dias de hoje, após vasculhar a internet, surgem muitas dúvidas sobre o que está se passando com a gente: "Não poderia ser TOC (transtorno obsessivo-compulsivo)?", "Não se parece mais com pânico?", "Preenchi uma escala e deu que é déficit de atenção!", "Fiquei apavorado, vi que tenho vários sintomas de esquizofrenia!".

Lembremos que depressão é um diagnóstico *clínico*; não existem marcadores biológicos detectáveis por testes laboratoriais ou exames de imagem cerebral comprobatórios da doença.* Para algumas pessoas, tal fato pode ser difícil de ser aceito.

Quando vamos à internet ou abrimos os vários capítulos de um livro de psiquiatria, os quadros clínicos são apresentados em um perfil prototípico que inclui sintomas presentes tanto em pessoas consideradas como "normais" quanto em pessoas que sofrem de um transtorno mental, o que dá margem a muitas interpretações e, às vezes, à confusão. Não é

---

*. Os exames complementares, quando solicitados pelo médico, têm o objetivo de averiguar a existência de fatores biológicos que podem causar ou agravar a depressão, bem como pesquisar a presença de outras patologias que apresentam sintomas depressivos, como alguns tumores, alterações do hormônio tireoidiano e deficiências vitamínicas.

surpresa, por exemplo, que uma pessoa deprimida obtenha pontuação elevada em uma escala de ansiedade.

Lembremos que os capítulos dos manuais de psiquiatria têm um caráter delimitado e estático em que os quadros sintomatológicos são organizados e apresentados como se houvesse várias gavetinhas rotuladas para classificar o comportamento anormal.

Quando saímos do livro, ou da internet, e avaliamos uma pessoa em particular, observamos que seu quadro psicopatológico mais se aproxima de um modelo de nuvens que se interpenetram, cada nuvem representando um agrupamento ou uma dimensão de sintomas.

Essa analogia com nuvens que se interpenetram faz mais justiça à realidade da clínica do que a ideia de um diagnóstico no qual o sujeito deva ser encaixado. A combinação dessas "nuvens" é dinâmica, mutável ao longo do tempo e é modificada pela ação dos acontecimentos e do tratamento, incluindo a interação com o médico.

É preciso reconhecer que os diagnósticos, juntamente com os critérios utilizados para a classificação psiquiátrica, fazem parte de construções intelectuais.

O construto do diagnóstico é baseado em sintomas característicos, histórico e progressão da doença. No Capítulo 42, "*Major depression*: ser criterioso é preciso", mostramos como o diagnóstico de depressão é norteado por critérios operacionais adotados internacionalmente.

Outro ponto relacionado a essa construção do diagnóstico de um transtorno mental – mais dinâmica e global do que estática e fragmentada – diz respeito ao estado atual do conhecimento. Imagine grandes edifícios de conhecimento acumulado ao longo de séculos, cuja base estrutural é, de tempos em tempos, abalada ou questionada. Pois assim a psiquiatria tem evoluído. Vamos para dois exemplos: transtorno do pânico e distimia.

A fim de se alcançar uma padronização do diagnóstico psiquiátrico, diferentes nuances das manifestações psicopatológicas foram relegadas a um segundo plano. Sempre há, entretanto, detalhes importantes do quadro sintomatológico que apenas uma avaliação cuidadosa pode revelar e levar a um tratamento mais adequado para um indivíduo.

Ocasionalmente, isola-se um subgrupo sintomatológico que responde melhor a uma nova proposta de tratamento, ou uma condição clínica passa a ser concebida de modo diverso. Foi o que aconteceu no início da década de 1980, quando o transtorno do pânico e a distimia surgiram na terceira edição da classificação norte-americana de transtornos mentais, o *Diagnostic and Statistical Manual* (DSM-III).[11]

Transtorno do pânico. Eu era um residente de psiquiatria quando se descobriu que um subgrupo de pacientes ansiosos, que apresentavam crises súbitas de ansiedade acompanhada de muitos sintomas corporais, respondia melhor a certos antidepressivos do que aos ansiolíticos benzodiazepínicos (calmantes) até então prescritos para todos os casos de ansiedade. Eu e meus colegas de residência médica, exultantes, passamos a convocar vários de nossos pacientes com a feliz notícia: agora há um novo tratamento para o que você sente! O novo "diagnóstico" implicava um tratamento específico, mais eficaz.

Distimia. Foi outra mudança, não só de nome, mas conceitual e prática. Veja, por exemplo, o caso deste paciente:

> "Doutor, será que posso tomar esse remédio para sempre? É que, em todos esses anos de vida, nunca me senti tão bem como nesses últimos meses! E não sou só eu que reparo, não! Os filhos, também; estão contentes porque agora converso com eles, fico na sala, brinco com os netos... Quando eu ia a uma festa, era por obrigação, o tempo todo remoendo os problemas, não via a hora de voltar para casa. Em segredo, ou abertamente, eu implicava com as pessoas... Esse remédio me deixou menos ranzinza, doutor!"

---

11. APA, 1980.

O paciente, de 76 anos, sua família e eu estávamos, mesmo, tão surpresos quanto intrigados. Ele estava realmente mais vibrante e ativo! Agora participava da vida familiar, sentia prazer em estar vivo. Tudo isso sem exageros; não era o remédio deixando-o elétrico ou inadequadamente eufórico! Todos se perguntavam: será que a vida inteira ele tinha sido mal-humorado e irritadiço por causa de um distúrbio na química cerebral?

O conceito de distimia desvinculou um quadro depressivo crônico, até então chamado de "depressão neurótica", de um entendimento exclusivamente psicanalítico. Defendendo-o como reflexo de uma predisposição genética para a depressão, o novo diagnóstico permitiu que se testasse o uso de medicação para alguns pacientes depressivo-irritadiços, que há um longo tempo vinham fazendo psicoterapia sem, no entanto, obter melhora.

Ao se abrirem para a "novidade" da distimia, alguns psicoterapeutas passaram a me encaminhar seus pacientes "neuróticos depressivos", que, via de regra, melhoravam com o uso de medicação.

Até então, com o não se enxergar a natureza biológica de um problema, considerando-o apenas "mental" – mental sem levar em conta o cérebro –, muita gente fora privada de um importante recurso terapêutico.

Muitas vezes, os sintomas depressivos estão associados a outras condições clínicas, o que costuma dificultar a discriminação da presença concomitante da depressão. Os transtornos ansiosos, o transtorno obsessivo-compulsivo (TOC), as dependências químicas, os transtornos psicóticos e as demências podem incluir sintomas depressivos.

Se tais sintomas são persistentes e graves o bastante para causar impacto na rotina de vida, costumamos dizer que, além do transtorno mental de base, há uma depressão associada que necessita de tratamento específico. É o que se conhece como "comorbidade".

Veja, por exemplo, o que se passa com esta senhora, uma lojista de 46 anos. Ela já fazia tratamento para TOC, mas reparou numa mudança em seu quadro clínico. Também estava deprimida:

"Retrocedi! Em janeiro estava bem, fiz plástica do abdome, vida normal. Em julho comecei a desanimar, uma preguiça geral, já acordava cansada. Tudo foi ficando mais difícil, eu mais irritada com as crianças. Então, o gigante adormecido voltou como uma avalanche: meu TOC atacou de novo! Os mesmos pensamentos repetitivos sobre acidentes com as crianças. Voltou também o medo de me contaminar com doenças. Não gosto que me toquem, cismo que passei em lugar que tinha sangue, que esbarrei... Voltei a desinfetar as roupas com álcool antes de lavar. Tudo isso tinha sumido com o remédio e a terapia, estava bem, mas agora ando fugindo das pessoas, tenho medo de tudo, o peito aperta, o coração dispara... Também voltei a ficar mexendo nos cabelos, fico arrancando, até sangrar!"

Pensamentos repetitivos também podem ser decorrentes da depressão, e não fruto de um transtorno primário, como o TOC. A distinção entre uma coisa e outra requer entrevista cuidadosa, que consiga esclarecer a sequência do surgimento dos sintomas, bem como a sua inter-relação. Não se trata de detalhismo, mas de uma necessidade para a tomada de decisões terapêuticas.

Outro exemplo comum de mascaramento diagnóstico é o fato de a depressão causar comprometimento cognitivo – prejuízo da atenção, diminuição da memória e dificuldade para raciocinar e tomar decisões.[12] A pessoa chega ao consultório assustada, com queixas de falhas de memória:

"Faço tudo empurrado. Um programa de TV, não presto mais atenção, não consigo mais ver até o fim. Tudo está difícil, travado, sem sentido. Vou ao trabalho, mas não consigo me concentrar. Não me lembro do que tem que ser feito, não consigo decidir as coisas. Fica tudo embaralhado, estou sem

---
12. Diniz, 2009.

opinião. Parece que eu esqueci como eu era! Doutor, não é começo de Alzheimer?"

O que esse senhor enfrenta não é uma demência. É o humor deprimido que afeta, secundariamente, a cognição. A falta de concentração, a diminuição da memória e a dificuldade para raciocinar e tomar decisões são devidas à depressão.

Em geral, depois de uma avaliação clínica, que pode incluir neuroimagem e testes de funções cognitivas e executivas, a resposta do médico é: "Não, é só uma depressão, e não o início de uma demência". Há um alívio quando dizemos que é *só* depressão; a doença de Alzheimer é mais temida pelas pessoas.

O quadro a seguir contém algumas características que auxiliam a discriminar entre demência e depressão:

Diferenciação entre demência e depressão no paciente idoso

Características clínicas	Depressão	Demência
Início	Relativamente rápido	Lento
Época de início	Pode ser precisada	Raramente
Déficit cognitivo	Flutuante	Constante
Queixas cognitivas	Enfatizadas, detalhadas	Minimizadas, vagas
Perda de memória recente × remota	Equivalente	Recente maior que remota
Manifestação de sofrimento	Sim	Geralmente não
Declínio da sociabilidade	Precoce	Tardio
Humor	Deprimido	Normal ou apagado
Labilidade emocional	Ausente	Presente
Autoimagem	Negativa	Não afetada
Esforço para realizar tarefas	Pequeno	Grande
Resposta do tipo "não sei"	Frequente	Rara

Fonte: Baseado em Botega et al., 2017.

Ocasionalmente, os sintomas depressivos podem ser os primeiros sintomas de síndromes demenciais, e só mais tarde pode ficar evidente a disfunção cognitiva. Há outras possibilidades de inter-relação entre os sintomas: o quadro depressivo ser reativo à percepção do declínio cognitivo ou ser consequência de lesões cerebrais associadas às demências.[13] Portanto, são imprescindíveis a avaliação e o acompanhamento de um médico.

---

13. Mella & Stella, 2017.

27

Força de vontade não cura depressão

Como uma pessoa deprimida enfrenta cobranças para reagir e ser forte! Complicado, uma vez que a depressão lhe tira a força até para tomar banho! Em certa ocasião, uma paciente me dizia que se sentia extremamente cobrada pelo marido. Ao final da consulta, chamei-o até nós. Ele confirmou o que eu tinha ouvido de sua esposa:

"Doutor, ela foi se apagando, digamos assim. Passa muito tempo de moletom deitada no sofá. Diz que está assistindo TV, mas acho que não está. Não atende mais telefone, não quer mais cozinhar... A gente tem que trazer comida pronta da rua. A verdade é que ninguém entende por que ela se sente assim. A gente tem de tudo, doutor! O que falta pra ela ser feliz? Tivemos filhos maravilhosos, terminamos uma megarreforma na casa que, olha, é de pôr na capa da revista! Tudo foi com muita luta, mas nada tem faltado, graças a Deus! Porque, o senhor vê, eu sou um homem que não tenho medo de enfrentar os problemas. Mas ela não reage, doutor! Sabe aquela coisa de ficar procurando chifre em cabeça de cavalo?

Isso não é comigo, não! Eu acredito que quem luta vence! Eu não tenho tempo pra ficar deprimido! Eu sou de me agarrar ao trabalho e chegar lá! O senhor tem que dar um remédio que ajude ela a tomar juízo e reagir!"

Se nos pusermos no lugar da paciente, sentada ao lado do marido, poderemos imaginar o "efeito terapêutico" das palavras que ela acabava de ouvir. O marido tinha iniciado uma descrição do comportamento da esposa, como eu havia lhe solicitado. No entanto, a descrição logo se transformou em interpretações, que se transmutaram em julgamentos cruéis e acusatórios, feitos por um bravo guerreiro casado com uma perdedora que se rendeu à depressão!

Mas qual seria o motivo do comportamento dele? Falta de empatia? Ausência de informação? Tendência a dominar um discurso centrado no "eu sou o máximo"? Forças subterrâneas que regem a convivência dos casais? Eram muitas as possibilidades que vinham à minha mente naquele momento. Mas não conseguiremos nos aprofundar, aqui, em todos esses aspectos. Fiquemos, por ora, com a questão do estigma da doença mental e com a necessidade de haver conhecimento no lugar do preconceito.

Primeiro, porque mais pessoas do que imaginamos sofrem ou já sofreram de depressão: uma em cada seis, segundo estudos populacionais. Em segundo lugar, porque depressão-doença é bem diferente de depressão-tristeza. Nessa última, sim, a força de vontade costuma estar um pouco mais ativa e ajudar na melhora do ânimo. Em terceiro lugar, porque a depressão tem uma determinação biológica que não se pode negar. Em quarto lugar, porque a força de vontade, sozinha, não é capaz de vencer a depressão.

Uma pessoa não fica deprimida porque "é mais frágil", "tem dificuldade pra ser feliz" ou porque "tem tempo" e opta por adoecer. A depressão não é consequência de algum mau comportamento, nem da falta de garra para lutar contra os sintomas incapacitantes da doença.

Quem nunca teve depressão geralmente a imagina como uma tristeza, uma onda de baixo-astral que pode melhorar a partir do esforço pessoal. "Você tem que reagir, tem que se esforçar pra melhorar!" Comentários como esse são comuns e têm o intuito de animar o paciente deprimido. O problema é que eles põem a culpa na vítima. A pessoa deprimida sabe o que *deveria* fazer, mas simplesmente não consegue iniciar uma ação. Sente desânimo e impotência paralisantes.

"Mas o que está lhe faltando pra ser feliz?" Essa é outra cobrança famosa. Busca-se uma explicação circunstancial para o adoecimento, e ela não é encontrada. É verdade que a depressão pode ser desencadeada por privação ou adversidade, no entanto, em pessoas mais propensas – e aí há a influência da hereditariedade –, a doença pode simplesmente acontecer.

A depressão pode "aparecer do nada", como se diz. Às vezes, depois de instalado o quadro, procura-se justificá-la com algum acontecimento recente, o que é uma simplificação em relação à multicausalidade do problema.

A depressão também pode voltar, assim "do nada", em novos episódios de doença, em um *caráter recorrente*: após um primeiro episódio depressivo, o risco de um segundo é de 50%; após um segundo episódio, de 80% para um terceiro; e, a partir de então, a probabilidade de recorrência aproxima-se de 100%.

Ocasionalmente, a força de vontade é o fator decisivo para a busca de informação e de auxílio terapêutico. O relato a seguir ilustra bem isso. No entanto, não se deve cobrar atitude semelhante de todas as pessoas deprimidas. Na maioria das vezes, a depressão as paralisa!

Gustavo tinha 20 anos, morava com o avô. Concluiu o ensino médio e interrompeu os estudos para trabalhar.

Já tínhamos nos falado por telefone dois dias antes, e, como recomendei que não ficasse sozinho – as ideias de suicídio não o abandonavam –, pediu socorro para a mãe que morava longe, no Oeste paulista. Foi providencial, ela acorreu ao filho e agora também me aguardava na sala de espera.

Vieram de moto, sob chuva, de uma cidade vizinha. Seriam esses os detalhes que me impactaram ao entrar em contato com esse jovem paciente: como ele tinha força de vida! Me encontrou pela internet, conseguiu falar comigo por telefone, seguiu fielmente minhas instruções... e essa moto no meio da chuva, a mãe na garupa!

Foi o início de um vínculo que se fortaleceu rapidamente entre nós. Gustavo já tinha passado por três médicos. O último, um psiquiatra do posto de saúde de sua cidade, viria a ser uma pessoa-chave para a continuidade do tratamento.

Com ele, a mãe e a namorada organizamos uma rede de cuidados, que incluiu licença do trabalho, conversa com o patrão, companhia 24 horas por dia, caminhadas diárias e a obtenção de um antidepressivo não fornecido pelo sistema público.

O tempo passou, fazia um ano que eu não o via, telefonei para ele quando escrevia este livro. Continuava bem, seguia o tratamento com o médico do postinho. Perguntei qual era mesmo a frase, aquela que ele falava acelerando. Ele sorriu, agradeceu a participação no livro e disparou:

"É que a gente fala tudo meio correndo, né? Vamos supor assim, se a pessoa perguntar o que vai nesse rodízio aqui, aí a gente fala: 'Ah! Vai picanha, fraldinha, contrafilé, linguiça, coração, medalhão, cupim, *tender*, costela, arroz, feijão, mandioca, farofa, vinagrete, salada e azeitona... um monte de coisa!' Aí a pessoa pergunta sobre um prato, picanha à moda, vamos supor... Aí falo assim: 'Vai a picanha em tira, frita na chapa, com cebola, tomate e palmito; vai queijo catupiry por cima da carne; acompanha arroz, farofa e vinagrete'.

Naquela época que eu não tava legal, o pessoal perguntava e eu ficava pensando... mas o que vai mesmo nisso aí? Ficava, tipo... huuumm... vai a picanha, sabe... Não falava na rapidez. Até falar dava um trabalho, sabe, como se a língua não quisesse soltar da boca!"

Para o médico, e para um familiar, é mais fácil cuidar de alguém que dá sinais de que quer melhorar. Ao ver um doente se empenhar em sua recuperação, nos animamos e encampamos a mesma batalha. O caso do Gustavo é uma história de muita luta, uma história que nos mobiliza e nos deixa mais propensos a ajudá-lo.

Mas essa história é um contraexemplo. A depressão, e isso faz parte do quadro clínico, mina a vontade e a iniciativa de pessoas que, antes, eram batalhadoras e cheias de vida. Dar conta de tarefas simples e rotineiras passa a ser muito difícil, como no caso a seguir:

> "Não consigo fazer mais nada. Em meu trabalho, estou com dificuldade pra me engajar na nova função, mas me afasto das pessoas e não peço ajuda pra quem poderia me dar uma força. Na semana passada, deixei de responder a dois telefonemas importantes, pedi pra secretária dispensar. Estou com fobia da empresa, doutor! Sei que posso ser demitido! Me sinto culpado e envergonhado por não ser capaz de garantir a segurança da minha família. Tento reagir, mas não dá... Antes eu malhava, mas agora não consigo mais. Calçar o tênis, sair de casa, me dirigir à academia é um esforço enorme. Simplesmente desisto a cada pensamento de retomar os exercícios. Estou desistindo de tudo..."

Algumas pessoas pensam que não há doença mental que resista ao esforço pessoal de superação. Pois não é assim. Força de vontade não cura depressão. A fim de ser mais preciso, é necessário dizer que força de vontade, *sozinha e em determinada fase da doença*, não é capaz de curar a depressão. É preciso tratamento para recobrar forças!

Cobranças por ânimo fazem o doente se sentir pior. Não quer dizer que a pessoa deprimida não quer se ajudar ou não aceita nossa ajuda; ela simplesmente não consegue reagir.

28

Tomar remédio ou não: eis a questão!

Logo que abri a porta da sala de espera, eu a vi e reparei na mudança. O sorriso espontâneo, a vivacidade do olhar e os cabelos ainda molhados, junto com a graciosidade dos gestos. Trazia o frescor vital que faz a gente imediatamente concluir: ela tinha saído da depressão.

Para minha surpresa, Flávia entrou no consultório, sentou-se determinada e disparou furiosa: "Estou morrendo de ódio de você!".

Senti o baque, mantive a calma e aguardei retesado o próximo golpe: "Como você me deixou livre para pensar, eu pensei e decidi: vou tomar esse antidepressivo! E tomei! Não é que esse seu remédio fez bem pra mim? Estou ótima! Voltei a ser o que eu era!".

Então abriu um sorriso, me agradeceu, e acho que não percebeu que eu estava me esforçando para não parecer embasbacado. Eu, feliz com a melhora de minha paciente, também teria de ser cuidadoso ao sorrir de volta. Não seria prudente parecer "vitorioso", havia uma história atrás de nós.

Dois meses antes, a primeira consulta tinha sido uma batalha. Tive que explicar muito bem explicado, para aquela socióloga de 34 anos, por que um antidepressivo era necessário, que ela não conseguiria se curar só com a força da mente ou das providências racionalmente planejadas e executadas com afinco, que eu não era financiado pela indústria farmacêutica, que também não era eu o culpado por tanta gente estar tomando remédios sem necessidade... Não, ela não ia ficar viciada, eu garantia.

Quando, enfim, parecia que conseguiríamos sair desse meu já conhecido embate, ela retomava com toda a carga. Lá vinham novas provocações. Mas agora ela já se perdia no surrealismo: "Mas como você pode garantir que nesses comprimidos aparentemente tão inocentes...?".

Salvador Dalí começou a esboçar o quadro, mas interrompi tudo aquilo ao declarar que, definitivamente, não. Seu cérebro não passaria a ser dominado por alguma substância sinistra ou alienígenas que habitavam os comprimidos da caixa de amostra grátis.

Extenuados, ao final de vários *rounds*, nos concedemos o empate: eu reconhecia sua liberdade e sua autonomia de decisão, ela sairia com uma receita de antidepressivo na mão. Iria pensar. Agora, dois meses depois, fazendo troça, ela me concedia a vitória.

Ocasionalmente, alguns pacientes chegam desconfiados ao consultório. Eles já se convenceram de que são a necessidade de poder e o dinheiro que alimentam a prática médica e a indústria farmacêutica. Impulsionados por ventos nascidos da contracultura, querem ver no psiquiatra um representante cínico, ou ingênuo, do *establishment*.

Outros, intuindo a necessidade de um medicamento psicotrópico, já entram armados, dispostos a não se submeter à derrota humilhante de ter que tomar um medicamento. Uma das acusações mais frequentes é: "Vocês, psiquiatras, prescrevem remédios demais!".

De fato, receitam-se medicamentos demais, alguns dos quais muito perigosos. É preocupante, nesse sentido, o elevado número de prescrições de analgésicos opioides nos Estados Unidos. Essa prática, mais comum naquele do que em outros países, levou muitos norte-americanos à dependência química, ao desenvolvimento de um mercado ilícito de opioides e ao aumento de mortes por *overdose* dessas substâncias.[14]

No Brasil, é notório o exagero na prescrição de anfetaminas, drogas que deveriam ser indicadas no tratamento do transtorno de déficit de atenção, e não para uma esperada – tão irreal quanto perigosa – melhora do desempenho cognitivo. E também se usam anfetaminas para emagrecer.[15]

Antidepressivos repetem, nos dias atuais, o ocorrido com os benzodiazepínicos nas décadas de 1960 e 1970, época em que muitos de nossos avós, tios e tias não passavam um dia sem que tomassem Valium, Lexotan ou Lorax. Agora, são os antidepressivos serotoninérgicos que são oferecidos por médicos e exigidos por pacientes que buscam alívio da ansiedade e da tensão.

Em relação à depressão, podemos dizer que há muitas pessoas tomando antidepressivos sem que estejam, propriamente, deprimidas. Por outro lado, estudos populacionais mostram que há muitas pessoas que sofrem de depressão e não estão recebendo o tratamento adequado para essa doença, ou porque não receberam um diagnóstico correto, ou porque se tratam com subdoses da medicação.

É inegável que o desenvolvimento, a fabricação e a comercialização de um antidepressivo são um empreendimento comercial e que a indústria farmacêutica, como qualquer outra, visa ao lucro. Ela quer vender seus produtos e, para tanto, empreende eficientes estratégias de marketing. Algumas drogas são apresentadas como novidades mais eficazes e mais seguras do que de fato são. Em várias ocasiões, documentos até então secretos vieram a público e aos tribunais, demonstrando os efeitos deletérios de um medicamento. A companhia farmacêutica já tinha conhecimento do perigo, mas silenciou a respeito.[16]

---

14. Harned e Sloan, 2016.
15. Esher e Coutinho, 2017.
16. Sah e Fugh-Berman, 2013; Cosgrove et al., 2016; Hengartner, 2017.

Como lidar com situações como essa? Não há saída, senão a criação de mecanismos para coibir práticas que, em nome do lucro, lesam a sociedade. O médico, por sua vez, precisa ter acesso a atualizações terapêuticas e cultivar o hábito de estudar em fontes independentes do material de propaganda dos laboratórios farmacêuticos.

Sim, é preciso reconhecer as limitações da psiquiatria, que alguns médicos prescrevem drogas desnecessárias, que a indústria farmacêutica tem, às vezes, um comportamento inadequado e até criminoso. No entanto, não custa lembrar: doenças mentais existem; pessoas sofrem por causa dessas doenças, a maioria das quais melhora com medicamentos. Essa é uma constatação tão fortemente validada pela prática clínica que não deveria ser banalizada.

Ferrenhos opositores dos tratamentos psiquiátricos com frequência ignoram evidências científicas e estão distantes da experiência que apenas a prática clínica pode propiciar. Algumas pessoas que são "contra" os medicamentos psiquiátricos podem estar influenciadas, embora não admitam isso, por estigma e preconceito.

Ainda assim, costumo ouvir com respeito e atenção as críticas à psiquiatria e aos psicofármacos trazidas ao consultório. Faz parte do trabalho do médico esclarecer a origem e as forças que fomentam os temores e resistências do paciente:

> "Foi duro vir aqui, tenho pavor de pensar em depressão por causa da história da minha mãe. Tenho medo desses remédios psiquiátricos, uma tia minha ficou totalmente dependente deles. Eu queria melhorar por mim mesma. Tenho receio de que o medicamento tire meu controle e me transforme, sei lá, em outra pessoa!"

Para algumas pessoas, ter que tomar remédios psiquiátricos chega a ser uma humilhação. Como se, devido a uma fraqueza pessoal, tivessem falhado na tentativa de "vencer" a depressão. Tomar remédio pode representar esse tipo de derrota.

Tanto a defesa de minha prática clínica quanto da necessidade de medicação – quando ela existe, e nem sempre ela existe –, costumo fazê-la com calma e objetividade, procurando contrastes entre o não querer e o precisar tratar-se. Também acrescento que compreendo a dificuldade de aceitação do tratamento proposto e que o normal é mesmo não querer tomar remédios etc., mas...

Se a insistência em um embate perdurar, me concentro no que está acontecendo no aqui e agora daquele encontro entre duas pessoas. Meu foco será deslocado para a reação emocional, para os sentimentos que dominam o ambiente. Aceitarei a situação emocional que se coloca na interação daquela pessoa comigo, não me perderei no redemoinho das ideias, nem buscarei novos contra-argumentos científicos. Deixarei o paciente livre para tomar sua decisão.

Para auxiliar o processo de conscientização e tomada de decisão, costumo fornecer impressos com informações concisas, embasadas cientificamente, sobre doenças mentais e seus tratamentos. Em geral, a gravidade do quadro clínico supera a resistência inicial e convence sobre a necessidade do tratamento, como na situação aqui relatada.

29

Antidepressivos: fases do tratamento

"Parecia que eu estava sendo arrastado pra um abismo. Ficava paralisado, com bloqueio mental, remoendo os problemas, não via saída. Uma nuvem negra me acompanhava o tempo todo. Agora a nuvem se dissipou, parece que o horizonte se abriu de novo. Meus dias começam mais leves e com mais energia, com o mesmo pique de antes; me sinto mais disposto e menos amarrado. Os problemas continuam, os mesmos de sempre, mas consigo me concentrar, acreditar, e vou tentando resolver uma coisa de cada vez..."

O tratamento da depressão com um antidepressivo não produz, exatamente, alegria ou felicidade. Auxilia a se livrar de um peso, sair da paralisia mental e continuar a andar para a frente. E se, eventualmente, um antidepressivo produzir alegria excessiva, euforia, tratar-se-á de efeito adverso que deve ser prontamente avaliado pelo médico.

Antes de nos concentrarmos nas fases do tratamento medicamentoso da depressão, vejamos, sinteticamente, o que orienta a prescrição de um medicamento antidepressivo:[17]

---

17. Kennedy et al., 2016.

- Quando os sintomas da depressão são leves, quando eles se encontram direta e proporcionalmente relacionados a um conflito ou acontecimento recente e quando a duração de uma reação depressiva não é excessiva, recomenda-se a psicoterapia, dispensando-se o uso de medicamentos.
- Em casos mais graves de depressão, os antidepressivos são imprescindíveis. A psicoterapia, isoladamente, não ajudará. Ao contrário, poderá ser prejudicial, uma vez que estará adiando o início da necessária medicação.
- Mesmo em situações em que a depressão é compreensível, tendo a doença se iniciado após um acontecimento marcante, devemos cogitar o uso de um antidepressivo, a depender do impacto dos sintomas na vida da pessoa. Abordagens psicoterapêuticas, nesses casos, devem ser combinadas à medicação.
- Certos quadros clínicos em que predomina o mau humor (combinação de sintomas de depressão, irritabilidade, implicância, tendência à crítica exagerada e explosões de raiva) podem melhorar com antidepressivos. É um recurso terapêutico que deve ser avaliado criteriosamente por um profissional experiente.
- Os antidepressivos não são usados apenas para tratar depressão. Eles também são úteis no tratamento de síndromes ansiosas (como transtorno do pânico, ansiedade social e estresse pós-traumático), no tratamento de afecções dolorosas e do transtorno obsessivo-compulsivo.

A escolha de um antidepressivo leva em conta detalhes do quadro sintomatológico e da personalidade, outras doenças que a pessoa tenha, a possibilidade de interação com os medicamentos já em uso, o perfil de efeitos adversos, o custo, bem como o histórico pessoal de resposta a diferentes classes de antidepressivos. Alguns antidepressivos têm efeito calmante; outros, hipnótico ou analgésico. Alguns aumentam o apetite; outros, diminuem. Tudo isso deve ser levado em conta pelo médico na hora da prescrição.[18]

Em um estudo abrangente, realizado com 4 mil pacientes que sofriam de depressão e que envolveu vários níveis e alternativas de tratamento, a taxa de remissão cumulativa, ou seja, a porcentagem de pacientes que se recuperaram da depressão, foi de 67%.[19] Isso pode parecer modesto, mas vale lembrar que, observando-se o conjunto de ensaios clínicos publicados, a eficácia dos antidepressivos é equiparável à dos tratamentos usados em hipertensão arterial, asma e diabetes.[20] Por isso, é preciso confiar e manter a esperança!

Didaticamente, o tratamento medicamentoso da depressão pode ser dividido em três fases:

Fases do tratamento medicamentoso da depressão

1. Fase inicial

Certos medicamentos usados em psiquiatria, como os ansiolíticos e hipnóticos (clonazepam, alprazolam, zolpidem, por exemplo), têm ação imediata e, portanto, são úteis no tratamento agudo. No caso dos antidepressivos, os efeitos não são imediatos. Eles devem ser usados durante vários dias ou semanas para uma resposta terapêutica significativa, pois atuam por meio de processos celulares de adaptação lenta.

Alguns efeitos adversos iniciais dos antidepressivos, embora passageiros, costumam incomodar: náusea, sonolência, inquietude, insônia e cefaleia são os mais comuns. A aderência ao tratamento pode ser prejudicada quando efeitos adversos são experimentados antes de os efeitos terapêuticos serem percebidos. A fim de evitar tais incômodos, é aconselhável tomar doses menores do antidepressivo durante os quatro ou seis primeiros dias de tratamento.

---

18. McIntyre, 2016; Botega et al., 2017.
19. Gaynes et al., 2008.
20. Khan e Brown, 2015.

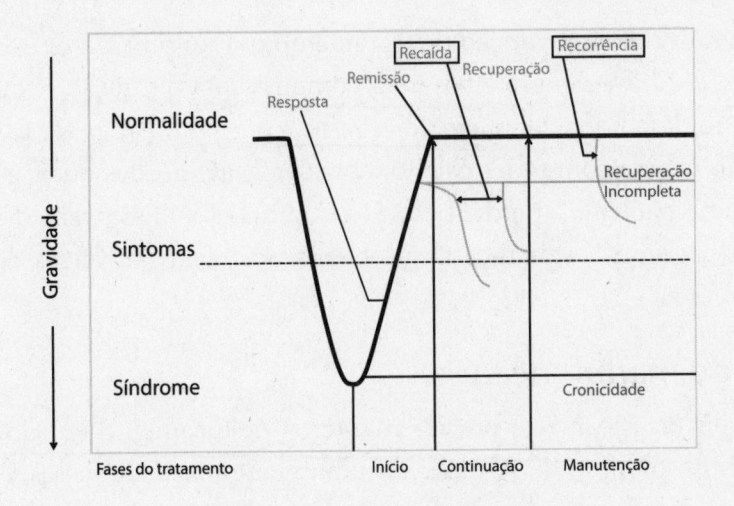

Fonte: Adaptado de Kupfer, 2001.

Se o medicamento provocar intenso mal-estar ou surgimento de pensamentos negativos, incluindo ideias de morte – uma eventualidade rara, mas possível –, o médico deve ser imediatamente avisado.

Espera-se alguma melhora após duas semanas (esse é um tempo médio, variável) do início de um antidepressivo. Por isso, é preciso ter paciência, não alterar sem orientação as doses prescritas, nem interromper o medicamento precocemente.

2. Fase de continuação

Com a melhora já iniciada, a meta da fase de continuação será chegar à remissão dos sintomas e à volta ao normal. Nessa fase, é necessário monitorar o efeito e ajustar a dose da medicação. Por isso, é importante o contato regular com o médico, que deve ser avisado em casos de uso de novos medicamentos, gravidez ou cirurgia.

Nessa fase e na seguinte, muitos pacientes decidem diminuir a dose ou interromper o medicamento, "porque afinal já estou bem", ou mesmo para fazer um teste "pra ver se melhorei mesmo"... Nada mais enganoso! A diminuição de dose e a parada abrupta de antidepressivos podem ocasionar uma recaída.

Outra causa de interrupção do tratamento é o surgimento de efeitos adversos. No médio prazo, os mais comuns são a disfunção sexual (diminuição da libido e bloqueio do orgasmo) e o ganho de peso. Esse último não ocorre com todos os antidepressivos, alguns dos quais podem ajudar o paciente a perder peso. No Capítulo 45, "Esses remédios não são perigosos?", voltamos ao problema dos efeitos adversos dos antidepressivos.

3. Fase de manutenção

A fim de evitar recaída, é preciso manter o medicamento em dose plena por um mínimo de seis meses, comumente por doze meses. Às vezes, o antidepressivo deve ser mantido por períodos mais longos.

Em alguns casos, há necessidade de manter o medicamento por vários anos, indefinidamente e em caráter preventivo, a fim de evitar novas fases – recorrências da doença.

A retirada de um antidepressivo deve ser lenta, com diminuição gradual da dose. A interrupção abrupta de certos antidepressivos pode ocasionar sintomas de abstinência, como mal-estar, ansiedade, irritabilidade, tontura, alterações sensórias, inquietude, náusea e cefaleia.

Algumas recomendações

- Na farmácia, não aceite troca do medicamento prescrito por outra marca ou por qualquer genérico. Com frequência, os efeitos do sal original (marca-padrão) são superiores.
- Deve-se estar atento à dose correta e ao tempo mínimo de uso de um antidepressivo, antes de uma decisão por mudança ou interrupção da droga. Respeitada essa premissa, em geral troca-se a medicação em caso de ausência de resposta terapêutica. Quando há melhora parcial, primeiro chega-se à dose máxima recomen-

dável do antidepressivo. Em seguida, deve-se buscar a potencialização e a combinação de drogas.[21]
- O número de antidepressivos que podem ser usados por crianças e adolescentes é mais restrito. Há diretrizes internacionais, periodicamente atualizadas, que orientam o médico sobre as opções mais seguras. Em adolescentes, bem como em adultos jovens, deve haver cuidados extras quanto ao surgimento de ideação suicida provocada pelo medicamento.
- Como alguns idosos tomam vários medicamentos, deve ser dada atenção a potenciais interações entre esses e o antidepressivo prescrito.
- Já existem testes genéticos que informam sobre características do metabolismo de antidepressivos. No entanto, a despeito da expectativa de pacientes e familiares, no atual estágio de conhecimento, um teste genético ainda não é capaz de especificar qual antidepressivo irá curar a pessoa.
- De tempo em tempo, aparece a "descoberta" de um novo tratamento que revolucionará o tratamento da doença. Em uma época em que um estudo científico rapidamente é difundido nos meios de comunicação, recomendamos cautela. A ciência se faz com o acúmulo de evidências, e a clínica, com cuidado e experiência.

---

21. MacQueen et al., 2016.

30
Sobre viagens e psicoterapias

"Uma viagem não ajudaria?" A pergunta ocasionalmente aparece ao final da consulta. Em geral ela vem de um marido que quer ajudar a esposa deprimida, mas não sabe como. Às vezes já há uma viagem marcada, tudo reservado e pago, e a pergunta muda: "O senhor acha que a gente deve ir, ou é melhor cancelar tudo?".

A ideia de que uma viagem pode ser benéfica para uma pessoa deprimida vem de longa data. No século XIX, viajar a terras distantes tinha o sentido implícito de busca interior e de fortalecimento do caráter.

Viagens para o exterior permitem, na verdade, um mergulho interior. Como na saga de Dom Quixote, pôr-se na estrada é a oportunidade de enfrentar inimigos íntimos e inibições crônicas, demarcar o início de um novo tempo. É um verdadeiro treinamento de superação para o espírito melancólico.

Ainda assim, não recomendamos que uma pessoa deprimida viaje para se distrair ou aliviar o peso de uma doença que, em sua essência, tira a energia para os atos corriqueiros e afeta a capacidade de desfrutar as boas coisas da vida. Durante a viagem, ela poderá se sentir pior, culpada por não conseguir se animar quando todos curtem e acham encantador o que estão vivendo.

É melhor aguardar a melhora da depressão e, aí sim, fazer uma viagem agradável. Se uma pessoa deprimida decidir realizar uma viagem já agendada, que mantenha o firme propósito de fazer apenas o que lhe for possível e não se cobrar ânimo extra e alegria. Costumo dizer, nesse caso, que seria como decidir-se por visitar Paris com a perna engessada. Teria de haver uma adequação de expectativas diante dessa limitação pessoal.

Agora que afastamos a ideia de uma "viagem terapêutica", veremos as modalidades de psicoterapia que se mostraram efetivas no tratamento da depressão. Antes, porém, vamos responder concisamente a perguntas de muitos pacientes e familiares.

"Qual a diferença entre psiquiatra, psicólogo, psicoterapeuta e psicanalista?"

Psiquiatra

Não se deve pensar que só vai ao psiquiatra quem está com uma doença grave e precisa tomar remédios. O psiquiatra atende grupos heterogêneos de pessoas, nem sempre pelo que elas têm (doenças), mas pelo que sentem ou fazem (comportamentos). Ele não se ocupa apenas de transtornos mentais, e sim do que a pessoa traz à consulta – sua dor psíquica, seus conflitos e questionamentos –, levando em conta o significado dos acontecimentos que marcaram a história pessoal e familiar.[22]

O psiquiatra é um médico que, além dos seis anos de graduação, fez um período mínimo obrigatório de três anos de residência médica. Em algumas áreas da psiquiatria, como no tratamento de criança e de idosos, serão necessários mais um ou dois anos de especialização.

O psiquiatra procura fazer um diagnóstico situacional, verifica se há um transtorno mental, se outras doenças estão presentes, eventualmente solicita exames complementares e, ao final, indica o tratamento que lhe parece mais adequado. Se julgar necessário, pode prescrever

---

22. McHugh e Slavney, 1998.

um medicamento. Alguns psiquiatras que tiveram a devida formação também podem oferecer alguma modalidade de psicoterapia.

Infelizmente, alguns psiquiatras realizam consultas rápidas, um verdadeiro *check-list* de sintomas, para decidir qual medicamento deve ser prescrito, mantido ou alterado. Pouco se interessam pela história da pessoa e pelo significado dos acontecimentos de sua vida.

Dentre as forças que levaram e que mantêm esse tipo de prática profissional, podemos mencionar um viés de formação exageradamente calcado em uma visão biológica do humano, bem como forças mercadológicas que atendem tanto ao interesse da indústria farmacêutica quanto à necessidade, institucional ou financeira, de atender, em média, quatro pacientes por hora.

Psicólogo

O psicólogo é muito importante no tratamento da depressão, especialmente quando há situações de vida que podem gerar, fomentar ou prolongar o quadro clínico. Várias modalidades de psicoterapia são eficientes no tratamento da depressão, como veremos adiante.

Infelizmente, nem sempre o papel desse profissional é reconhecido. "Se eu não consigo resolver meus problemas, não é um psicólogo que vai conseguir!" A exemplo do que ocorre com o psiquiatra, o psicólogo também enfrenta preconceitos.

A frase que já ouvi tantas vezes é um grande equívoco. É também uma defesa que nem sequer admite a dúvida ou a relutância, o que seria normal na primeira vez que se considera tal proposta de tratamento. Não custa lembrar que um bom psicólogo não pode prescrever nem deve sugerir medicamentos – de nenhum tipo! – a seus pacientes.

O psicólogo cursa no mínimo cinco anos de graduação. Em geral, ao final da graduação, ele se dedica a um dos vários campos da profissão, como recursos humanos, psicologia escolar, avaliação neuropsicológica ou psicoterapia.

Psicoterapeuta

Nos dias atuais, a neurociência tem atraído o foco de atenção da maioria dos profissionais formados em psiquiatria e em psicologia. De mãos dadas com a neurociência, o modelo biológico e farmacológico surge como "a" alternativa científica de compreensão e de tratamento dos problemas mentais.

Não deveria ser assim. Podemos reconhecer a necessidade de um estudo da mente que inclua o cérebro, mas não uma mente restrita a circuitos e equilíbrio de neurotransmissores. Isso é um reducionismo. As psicoterapias precisam ser mais valorizadas como um recurso terapêutico eficiente, e já está comprovado cientificamente que o são!

Para certos transtornos mentais, os transtornos de personalidade, a dependência química e os transtornos alimentares, a psicoterapia é a primeira e mais eficaz opção de tratamento. Por isso, ela tem que ser mais bem ensinada, aprendida e praticada pelos profissionais de saúde mental, incluídos os psiquiatras.[23]

Em geral, um psicoterapeuta terá boas credenciais se, após ter se graduado em uma profissão da área da saúde, tiver feito uma especialização sólida em uma das linhas de psicoterapia.

O que significa uma especialização *sólida*? Significa que ele estudou e se aprofundou em uma linha de psicoterapia de referencial teórico respaldado cientificamente, participou sistematicamente de seminários de ensino, fez sua psicoterapia pessoal e supervisionou vários casos clínicos com um psicoterapeuta experiente.

Um bom psicoterapeuta não resolve pessoalmente os nossos problemas, nem deveria! Ele simplesmente acende as lamparinas da nossa mente. Assim já se disse com certa dose de humor, mas é verdade! Com um pouco mais de luz, enxergamos melhor e podemos escolher um caminho.

Psicanalista

Um psicanalista tem sua formação baseada nos estudos iniciais de Sigmund Freud. Não se exige que ele seja médico ou psicólogo, em-

---

23. Paris, 2017.

bora a maioria dos psicanalistas tenha uma dessas graduações. À medida que se desenvolveu, a psicanálise se dividiu em várias abordagens ou escolas, algumas das quais têm força até os dias atuais.

Há dois tipos de formação psicanalítica: uma regulada e credenciada por uma associação internacional de psicanálise, mais exigente quanto aos requisitos de entrada e de conclusão da formação; outra, autônoma, com regras de inclusão e de conclusão menos estritas, feita por meio da participação em grupos constituídos informalmente. A psicanálise deu origem a várias modalidades de psicoterapia, agrupadas com a denominação geral de *psicoterapias psicodinâmicas*.

"Doutor, não dá pra tentar a hipnose?"

A hipnose, a sonoterapia e os vários tipos de "terapia por regressão" (como a de "vidas passadas", por exemplo) não têm o mínimo respaldo científico no tratamento da depressão.

Recomendo fugir de "psicoterapeutas" que se apresentam ou agem como profissionais "ecléticos" ou "holistas", sobretudo quando combinam sua singular "psicoterapia" aos poderes curativos dos florais, da cromoterapia, das orações, do mapa astral aliado ao tarô, ou de qualquer coisa que envolva recitação de frases, gestual ritualístico e objetos mágicos ou sinistros. Nisso tudo, corre-se o risco de, em meio ao desespero e à credulidade, ser envolvido pelo charlatanismo.

"Para quem está deprimido, qual o melhor tipo de psicoterapia?"

A resposta depende de vários fatores que devem ser ponderados, como a personalidade do paciente, o tipo de dificuldade que ele enfrenta, quais modalidades de psicoterapia estão mais facilmente acessíveis, quanto tempo e dinheiro poderiam ser investidos no tratamento.

Antes de responder a pergunta que abre esta seção, há um importante ponto a ser considerado: quais modalidades de psicoterapia usadas no tratamento da depressão têm respaldo científico?

Respaldo científico é algo decorrente da experiência de um grupo de profissionais conscienciosos que empregaram a mesma modalidade de psicoterapia em um número razoável de pacientes, os quais, em boa proporção, responderam positivamente ao tratamento.

Esse grupo de profissionais se reúne em eventos científicos, discute e divulga suas teorias e observações clínicas em revistas científicas reconhecidas pela seriedade. Agindo dessa maneira, esses terapeutas e sua técnica passam a merecer o respeito de colegas de profissão que, até então, não haviam aplicado a mesma modalidade de tratamento.

Você achou a definição anterior um tanto vaga e passível de vários questionamentos? Não terei como discordar! E concordarei com a advertência de que esse respaldo, que é "concedido", ou não, a um grupo minoritário, implica perigos, alguns dos quais bem registrados pela história das ciências.[24]

Vamos, então, encontrar outra maneira de atingir respaldo científico. Que tal a submissão das novas técnicas terapêuticas a uma análise metodológica bem embasada pela ciência, como os procedimentos empregados para aferir os resultados de tratamentos médicos em geral? Se trilharmos por esse caminho, adotaremos o referencial médico, e nem sempre psicoterapeutas aceitam se submeter a esse tipo de aferição.

Respaldadas cientificamente dentro do referencial médico, três modalidades de psicoterapia revelaram-se úteis no tratamento da depressão: a cognitivo-comportamental, a interpessoal e a psicodinâmica. As duas primeiras têm maior respaldo empírico se considerarmos o número de publicações em periódicos científicos.

Terapia cognitivo-comportamental (TCC)

A TCC combina os referenciais comportamental (behaviorista) e cognitivista. A postura do terapeuta é mais ativa e simétrica, ora

---

24. Lieberman, 2016.

empreendendo um diálogo instigador e racional com o paciente, ora com ele estabelecendo tarefas comportamentais que merecerão cuidadosa análise na sessão seguinte.[25]

No referencial behaviorista, o conceito de *desamparo aprendido* mostra-se útil na compreensão de alguns casos de temperamento melancólico e de depressão crônica. Trata-se das consequências danosas da exposição a eventos aversivos e incontroláveis, que resultaram em déficits motivacionais, cognitivos e afetivos.

A depressão deixa a pessoa mais sensível a estímulos que são interpretados como fracassos e rejeições. Certas contingências, como o reforço negativo e a punição, incrementam e mantêm um padrão comportamental. Podem, também, alimentar a culpa do paciente deprimido, uma vez que ele não consegue satisfazer as suas expectativas, nem as de sua família e da comunidade.

A psicologia cognitivista aborda as distorções do julgamento do paciente deprimido a respeito de si e da realidade. Por causa da desesperança, quem está deprimido não consegue antecipar cenários positivos. As expectativas em relação ao futuro são sempre negativas.

Terapia interpessoal (TIP)

A TIP foi desenvolvida na década de 1970 especificamente para o tratamento da depressão. Ela é menos difundida no Brasil, mas tem se mostrado um recurso valioso para auxiliar pessoas deprimidas. A TIP tem suas bases na psicanálise, mas seu *modus operandi* a aproxima da terapia cognitivo-comportamental.[26]

A TIP reconhece a multicausalidade da depressão, mas valoriza, como determinante na origem ou no fomento da depressão, a relação do paciente com o grupo social e as pessoas mais próximas. Nesse particular, ela difere da psicanálise, que privilegia um enfoque intrapsíquico, juntamente com as experiências do passado.

---

25. Beck, 2013.
26. Weissman et al., 2009.

Em um número predeterminado de sessões, a ênfase é na melhora dos sintomas e das condições sociais relacionadas à depressão:

- Dificuldades causadas por perdas (situações de luto complicadas, por exemplo).
- Transição de papéis ou mudança de vida (casamento, divórcio, formatura, aposentadoria, doença, acidente).
- Disputas ou conflitos interpessoais (conflitos conjugais, por exemplo).
- Déficits interpessoais (isolamento, falta de apoio social).

Psicoterapia psicodinâmica

A psicoterapia psicodinâmica tem por base a psicanálise e se estrutura a partir de três ideias centrais:[27]

- Há uma mente inconsciente e dinâmica que impulsiona nossos sentimentos e nossas ações.
- O sofrimento psíquico decorre dos conflitos e da luta travada entre forças instintivas e valores morais incorporados ao psiquismo.
- Um padrão de relacionamento, outrora estabelecido com figuras parentais (transferência), se repete na relação com o terapeuta e deve ser analisado no aqui e agora das sessões.

A postura do terapeuta é mais "neutra" e "passiva", tenderá a ouvir mais e a falar menos. Não dará sugestões, nem proporá tarefas a serem realizadas pelo paciente. Suas intervenções procuram aprofundar o significado de afetos e comportamentos. Por isso, as psicoterapias psicodinâmicas são chamadas, também, de terapias de *insight* (visão para dentro de si, das motivações inconscientes).

---

27. Eizirik et al., 2014.

"Alguma preferência?"

Não tenho preferência por uma ou outra modalidade de psicoterapia. Elas são diferentes, para pessoas e situações diferentes. Há excelentes profissionais atuando em cada uma das três modalidades de psicoterapia aqui exemplificadas.

Quem prefere a linha psicodinâmica defende que a verdadeira motivação de nossos atos e afetos se encontra submersa e inacessível à consciência. O psicoterapeuta seria o guia imprescindível para o mergulho que nos leva ao inconsciente da mente. O trabalho psicanalítico é visto como algo sofrido, mas os processos de crescimento pessoal e resolução dos conflitos (elaboração) são considerados mais profundos e criativos, com ganhos mais genuínos.

Algumas pessoas se incomodam com a lentidão do processo e com a tendência ao silêncio do terapeuta psicodinâmico. Podem interpretar essa atitude como distanciamento e frieza. De tempo em tempo, ouço algo do tipo "Eu saio de lá pior do que eu entro, só choro e ele não me diz o que eu tenho que fazer".

Essas pessoas esperam trocar ideias com um terapeuta mais comunicativo e, ao final da sessão, sair com alguma tarefa ou um conselho alentador. Alguns pacientes meus, após um bom tempo de psicanálise, migraram para um terapeuta comportamental e se sentiram melhor com um profissional que é mais ativo, que faz perguntas e que sugere. Para eles, a TCC foi mais gratificante, ao proporcionar resultados práticos mais rapidamente.

Por outro lado, outros pacientes meus, que há um bom tempo faziam TCC, expressaram o desejo de se aprofundar nas motivações que estão na base de suas dificuldades e, ao mesmo tempo, conseguir mais autoconhecimento. Ao migrarem para um terapeuta de linha psicodinâmica, se sentiram acolhidos e recompensados.

Como dizíamos, uma dúvida frequente de pacientes e de familiares é: "Que linha de psicoterapia é melhor para quem está deprimido?". Ao terminar este capítulo, você arriscaria uma opinião?

31

Insônia: reaprender a dormir...

Quem sofre de depressão pode necessitar de um hipnótico para conseguir iniciar e manter o sono. No entanto, o uso de um hipnótico deve ser circunstancial e temporário e requer, concomitantemente, certos cuidados e mudanças de hábito.

Os cinco relatos a seguir são de pessoas que se queixaram de insônia durante a consulta. Todas me pediram um remédio para dormir. Pense nas mudanças de comportamento que elas poderiam adotar a fim de melhorar as condições que favorecem o sono:

> 1. "Peguei esse costume de dar uma corrida pelos canais de TV antes de me deitar. Penso que pode estar passando alguma coisa interessante e que, se eu não assistir, depois vou me arrepender..."

> 2. "Às vezes fico nas redes sociais e, quando me dou conta, já são duas, três horas da madrugada! Aí não tem jeito, deixo o celular e vou correndo pra cama, tenho que acordar cedo pra trabalhar!"

3. "Toda noite é a mesma coisa: coloco a cabeça no travesseiro e não consigo parar de pensar; só vêm problemas à mente. Repasso o que me chateou durante o dia, ou o que tenho que fazer no dia seguinte. Fico olhando para o relógio, o tempo vai passando e não consigo adormecer..."

4. "Geralmente acordo uma ou duas vezes pra ir ao banheiro fazer xixi. Aproveito e vou até a cozinha beber água, às vezes faço uma boquinha... Depois demora pra eu pegar no sono de novo..."

5. "É só chegar a hora de ir pra cama, que fico apreensivo: e se eu não conseguir pegar no sono? Então já tomo o remédio [para dormir]. Posso até já estar com um soninho, mas tomo assim mesmo. E se eu acordar no meio da noite? Tenho medo de não conseguir dormir!"

São comportamentos comuns que podem ocasionar e manter a insônia. Algumas pessoas esperam que o médico lhes prescreva um hipnótico que, tiro e queda, induza rapidamente o sono, que os mantenha dormindo bem e profundamente a noite toda. Ao se levantarem de manhã, desejarão estar alegres, dispostos e sem aquela sensação de ressaca que alguns hipnóticos provocam. Ou seja, querem tomar o hipnótico ideal, que não existe!

Vale lembrar que um hipnótico é apenas parte de uma estratégia de tratamento para quem não consegue dormir! Não espere que um comprimido, sozinho, e para sempre, resolva o problema! Afinal, depender de medicamento para conseguir dormir é a melhor perspectiva para todos os dias de sua vida?

Não basta a medicação. A dificuldade para dormir é usualmente condicionada por uma série de comportamentos que costumamos repetir toda noite. De tempo em tempo, preciso lembrar pacientes de que "somos bichos", que precisamos de um ritmo que acompanhe a contínua alternância entre o dia e a noite. Precisamos de hábitos noturnos que nos auxiliem a desligar o cérebro. Enfim, precisamos "treinar" para reaprender a dormir.

A seguir, há algumas sugestões para se dormir melhor:

- Procure aceitar a dificuldade para dormir. Não adianta se irritar ou ficar com medo de não dormir. Vamos assumir uma atitude mais positiva e avaliar o que poderia ser mudado a fim de facilitar o sono?
- Para dormir, os animais guiam-se pela natureza. O homem, nem sempre. Então é preciso avisar e reacostumar o cérebro. Por meio de comportamentos que vamos adotando, enviamos ao cérebro a mensagem de que é hora de dormir, de que ele deve ir se desligando.
- Mantenha a regularidade. Ter hora rotineira para deitar e para acordar é importante para ajustar o relógio do organismo e manter o ritmo biológico.
- Permaneça longe de aparelhos eletrônicos por pelo menos trinta minutos antes de se deitar. É você quem deve controlar o seu tempo na internet, e não o contrário. A partir de certa hora, silencie notificações no celular e afaste-se dele e do computador.
- Estabeleça a hora em que desligará a TV. Então, use o controle remoto apenas para... desligá-la! Não fique pulando de um canal para outro, o que causa solavancos de alerta em seu cérebro.
- É importante desvincular o ato de se deitar do repasse das coisas que lhe aconteceram no dia ou da memorização das futuras obrigações. Antes de ir para a cama, você pode anotar em um papel as tarefas do dia seguinte.
- Não leve computador e material de trabalho para o quarto. Em geral, para quem tem insônia, TV ligada no dormitório não é recomendável.

- Cuide de você, cuide de seu sono! Crie boas condições para uma boa noite de sono: banho morno, roupa mais confortável, um canto da sala, música suave, leitura amena sob luz fraca, técnicas de respiração e de relaxamento.
- Deixe seu quarto do jeito que você gosta para dormir (iluminação, temperatura, cobertas, se necessário use um protetor auricular).
- Não brigue com a cama! Vá se deitar apenas quando já estiver com sono. Caso não adormeça após 20-30 minutos, saia da cama, vá até a sala, leia ou tente fazer algo que não o deixe muito ligado. Evite TV, internet, acender a luz, comer, beber e fumar. Quando se sentir sonolento, volte para a cama.
- Não fique monitorando o relógio! Você não é vigilante noturno! Ficar controlando o tempo ocasiona e piora a insônia. Sempre ative o alarme para despertar e deixe-o te acordar quando chegar a hora.
- Durma o tempo suficiente para se sentir bem. Ficar na cama mais do que o necessário, bem como dormir durante o dia, pode prejudicar o sono da noite.
- Exercícios físicos feitos pela manhã ou no fim da tarde ajudam a dormir. E não custa lembrar algumas coisas que devem ser evitadas à noite: refeição pesada, cigarros, café, chá preto, refrigerantes e bebidas alcoólicas.

Enfim, é preciso se livrar de certos comportamentos e adotar outros. Costumo dizer que, para dormir melhor, precisamos ser um pouco "caretas", sistemáticos.

É importante definir o tipo de insônia e os sintomas que a acompanham: em que momento da noite há insônia, se o sono é interrompido abruptamente, se é acompanhado por roncos, por terror noturno, sonambulismo, se há movimentos incessantes das pernas ou sonolência diurna. Se há desânimo, falta de alegria e de prazer, irritabilidade, uso de medicamentos, abuso de álcool ou de outras drogas.

Cada uma dessas situações liga-se a problemas clínicos distintos. Geralmente, com o tratamento da patologia de base, volta-se a dormir bem, nem sempre sendo necessário manter um hipnótico por longos períodos. O correto, portanto, é procurar esclarecimento médico e tratamento específico.

Se houver necessidade de um medicamento, e nem sempre há, dá-se preferência a drogas com baixo potencial de dependência e de tolerância. Evitam-se hipnóticos benzodiazepínicos (embalagens com tarja preta). Eles podem causar dependência, prejudicar a memória e a coordenação motora, entre outros efeitos adversos.

Embora certos hipnóticos não venham com tarja preta (zolpidem, zopiclone), podem causar dependência, alteração da memória e, ocasionalmente, sonambulismo. Após tomá-los, evite iniciar tarefas e vá direto para a cama!

Enfim, o tratamento da insônia requer diagnóstico, uso de estratégias comportamentais e, quando necessário, medicamento apropriado. Hipnóticos não podem ser misturados com álcool. Avalie, no dia seguinte, se está em condições de dirigir.

Respiração diafragmática

A respiração diafragmática pode ser o primeiro passo para relaxar e pegar no sono. É uma respiração lenta e compassada. Tem esse nome porque se vale de uma contração vigorosa do músculo diafragma para expandir os pulmões.

Na inspiração, puxe o ar, contando lentamente até 5 ou 6, até expandir o tórax ao máximo. Ao fazê-lo, tente "ficar bem barrigudo". Isso quer dizer que o diafragma se contraiu bastante, a ponto de empurrar os órgãos do abdome. Na expiração – faça-a lentamente –, o diafragma se relaxa, comprimindo os pulmões e expulsando o ar.

Expiração   Inspiração
Diafragma

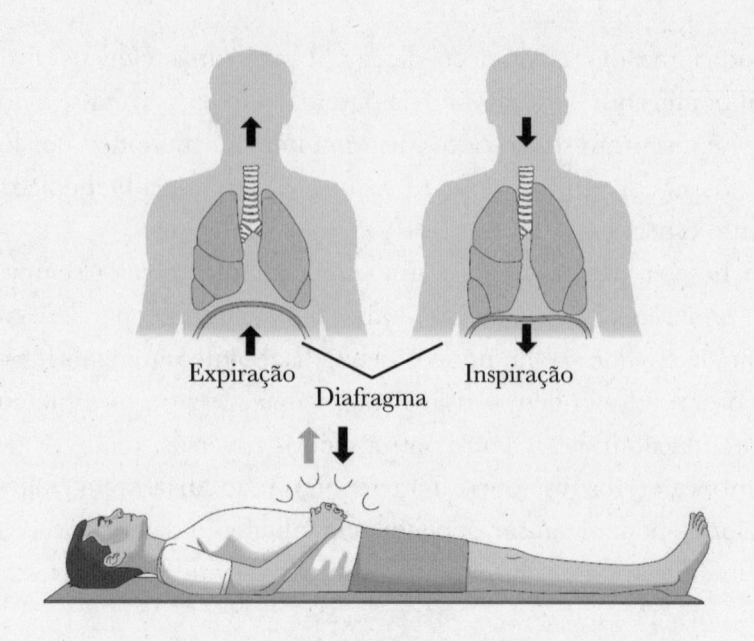

Fonte: Adaptada de Botega, 2017.

Feche os olhos e mantenha a atenção plena na respiração. Respira-se pelo nariz, naturalmente, sem se preocupar com o ritmo, que aos poucos vai se tornando calmo. A atenção deve ser focalizada no ar que entra e no ar que sai, bem como nas sensações produzidas no corpo durante o ato de respirar.

Se surgir algum pensamento diferente – e eles vão mesmo surgir –, deve-se observá-lo como se observa um objeto qualquer boiando em um riacho ao sabor da correnteza, isto é, não deve ser feito nenhum esforço para afugentar o pensamento. Deixe-o se afastar lentamente e, depois, volte a atenção para o movimento do ar que entra e do ar que sai dos pulmões.

32

E se ele não quiser, larga ele lá?

"De onde você tira sua capacidade de cuidar?"

Éramos um grupo de profissionais que nos encontrávamos periodicamente.* Estávamos interessados em refletir sobre o que nos motivava e nos sustentava, em termos psicológicos, para atender pessoas em crise. Decidiu-se que cada um de nós faria a pergunta que abre o capítulo para uma pessoa admirada por sua capacidade profissional.

De uma médica de 25 anos veio o seguinte depoimento:

> "Acho que qualquer cuidador ganha força extra quando vê o paciente se esforçando para melhorar. Aqui cito um exemplo do posto de saúde: tem um velhinho, o seu João, que tem sequela de derrame e dois infartos do miocárdio prévios. Ele

---

*. Sou fã incondicional de grupos de estudo. É quando, rotineiramente, pessoas que compartilham afinidades reúnem-se para dar conta de uma tarefa, como discutir um livro ou um artigo científico que todos leram previamente. Ao final, ou durante, sempre há boas conversas, alguma comidinha... Isso nos revigora não só profissionalmente, mas também em termos pessoais. É uma forma criativa, produtiva e muito afetuosa de fortalecer amizades.

está acamado, usando fralda e sonda vesical e, para completar, deprimido.

Quem cuida dele 24 horas é a esposa, dona Ana, de 80 anos. É ela que tem que dar conta da casa, da lavoura e do gado, tudo sozinha. Toda vez que vamos fazer visita domiciliar, dona Ana reclama que, apesar de ela fazer tudo para o marido – prepara a comida, troca a fralda, faz companhia –, ele passa o tempo todo gemendo e falando que quer se matar, que ela tem que ajudar ele a se matar, que ele vai matá-la e depois se matar.

Ela nunca reclamou das coisas que tem que fazer por ele durante o dia e a noite, já que ele não dorme e, consequentemente, nem ela. Mas toda vez ela nos diz que o que a deixa mais frustrada é ele não querer continuar, é querer desistir, apesar de tudo o que ela faz por ele."

É mais fácil cuidar quando o doente quer melhorar, demonstra isso para a gente e batalha para tanto. Ao nos colocarmos na posição da dona Ana, imaginamos como ela se sente ao ver que o marido não quer mais lutar. É só disso que ela reclama para a médica, é isso que a deixa frustrada.

A situação a seguir também envolve as dificuldades de uma esposa que se convenceu de que seu marido, deprimido, se recusa a melhorar. Ela queria entrar junto com ele na sala de consulta, pedi para aguardar. Primeiro, vamos ouvir o marido:

"Estou muito pra baixo. Não ando dormindo nada. Quando acordo, não é um acordar tranquilo, de quem descansou. É como se fosse um susto. Acordo cansado, sem saber o que fazer com o meu corpo e com a minha cabeça.

Ando muito irritado e tenho brigas homéricas com a minha mulher. Ela quer que eu a acompanhe, como sempre fiz, mas não consigo sair de casa.

O senhor pensa que eu não adoraria reagir, caminhar por uma praia tranquila, por exemplo? Sim! Mas teria que ter um corrimão ao longo de toda a praia, pra eu me segurar nele o tempo todo. Me dá uma insegurança, parece que o chão vai se abrir... Dá pra entender? É muito estranho tudo isso."

Ao final da consulta, eu chamo a esposa. Dona Cleide entra pisando forte, ouve-se sua respiração, está visivelmente exasperada. Ao se sentar, abandona seu peso rudemente na poltrona, se recompõe, me encara. "Nossa, será que ela quer brigar comigo?!", penso. Será que a privacidade da minha longa conversa com o marido teria deixado aquela esposa tão irritada?

Enquanto eu me fazia essas perguntas, reparei que o marido tinha acompanhado atento a entrada da esposa. Ele mantinha uma expressão incerta, difícil de explicar. Meio entediada, meio sorrindo. Será que era isso?! Sim, ele guardava um meio sorriso no ângulo dos lábios! Então ele sorria ao assistir à esposa prestes a despencar uma lista de queixas contra ele? Em seguida, tive com ela o seguinte diálogo:

"– Doutor, a gente lá em casa não sabe mais o que faz! Faço comida pra ele comer, ele não come; arrumo as roupas pra ele ir tomar banho, ele não vai; puxo uma conversa, ele faz que não escuta! Olha só o estado em que veio aqui! Faz cinco dias que não toma banho e não faz a barba! Pode isso? O senhor está sentindo o mau cheiro? Desculpa, viu...

Ajeito-me na poltrona, melhor relaxar um pouco. Ela engatou uma segunda e continuou:

– Ontem eu precisava tanto que alguém me ajudasse com as compras, não posso com muito peso. Falei assim pra ele: 'Levanta dessa cama, João! Vai comigo até o supermercado!'. Mas nada, parece que a gente fala com as paredes.

Dá vontade de dar uns chacoalhões, até de bater nele me dá vontade!

– Dona Cleide, a senhora tinha me dito ao telefone que, antes de entrar nesse estado, seu marido era um homem muito ativo, companheiro, atencioso... – disse eu.

– Foooooiii! Eeeeeeraa! Mas agora não é mais! Deixou de ser! Eu falo que ele tem que se animar, fazer caminhadas, voltar pra academia! Tem que ter pensamento positivo, não é, doutor? Elevar o astral. O senhor sabe como é, não sabe? Pois agora ele deu de não querer sair do quarto. Parece que faz de tudo pra me contrariar! – respondeu ela.

– A depressão muda muito a gente, trava a pessoa. Será que ele faz isso só pra contrariar a senhora, mesmo? Ou é a doença? – perguntei.

– É que o senhor não está lá em casa para ver o que eu estou passando com esse homem! Mas entendi bem aonde o senhor quer chegar! Não quer que eu force, né? Tudo bem, porque ele não aceita a ajuda da gente, mesmo. Então, quando ele não quer sair do quarto, o que que a gente faz? Se ele não quiser, deixa ele lá, largado? – disse ela."

Como você pode imaginar, essa conversa foi mais longa do que os dez minutos finais que eu havia reservado para concluir a consulta. Dona Cleide estava irada, precisava desabafar, mas também teria que sair dali com alguma orientação a respeito do que fazer e o que não fazer.

Para quem cuida, é mesmo angustiante. Ao lidar com uma pessoa deprimida, desesperançada e sem reação, podemos nos sentir ora recompensados, ora impotentes e sem paciência. Não sabemos o que fazer.

Quando nos sentimos frustrados, ou ficamos tristes, como a dona Ana – no início deste capítulo –, ou somos tomados pela raiva. Tem gente que fica furiosa, como terminamos de ver com a dona Cleide!

Hora de respirar fundo e continuar o diálogo, tentando compreender, por um lado; corrigindo julgamentos distorcidos, por outro.

Antes de terminarmos o capítulo, deixe-me perguntar-lhe uma coisa: Você ficou intrigado quando me referi ao sorriso do paciente diante da exasperação da esposa? Pois eu fiquei! Será que ele se comprazia ao ver o desarranjo emocional que conseguia provocar nela? Registrei isso na memória, mas não era hora de ir mais fundo nessa questão.

A prioridade nesse momento da consulta era outra. Por enquanto, apenas lembremos que algumas pessoas melancólicas podem auferir as vantagens que o papel de doente lhes confere, vantagens que podem envolver gozo sádico e prazer vingativo. São sinuosos os caminhos dos afetos envolvidos na convivência!

33

Um consultório horrendo e sem Nespresso

Última consulta do dia. A porta do consultório se escancara, minha secretária entra apressada, irradiando contrariedade. Entrega-me a ficha de uma nova paciente e não consegue se conter:

"– Ixi, doutor, essa aí promete! Tá reclamando de tudo! Só por Deus, viu!

– Ah é?! Ela tá reclamando, é?! – Atarefado, mantinha a ilusão de relaxar a mente no tempinho reservado entre uma consulta e outra. Preenchia algumas receitas encomendadas. Um carimbo, dois carimbos, assinatura agora, não posso esquecer a assinatura... ando me esquecendo disso... Pronto!

Havia alguma ordem a ser posta na mesa, antes de chamar a próxima paciente. No tampo, também me saltam à vista e me importunam as manchas gordurosas de digitais do paciente anterior. Ansioso, acontece com frequência. Vestígios inaceitáveis. Álcool e paninho... A secretária ainda não tinha merecido o meu olhar atencioso, eu estava atarefado. Mas ela insistiu:

— Pois não é que ela já foi perguntando se aqui tinha máquina de Nespresso? Eu disse que não. E se *por acaso* tinha *Caras* pra gente ler? Eu de novo disse que não, que também não tinha!

Eu me agitava nas tarefas. Ou melhor, agilidade cronometrada. É calma treinada. As mãos sabem exatamente o que e como fazer, precisão cirúrgica. Mas eu não conseguiria ser cirurgião. Essa coisa de acessos restritos, milimétricos, não é para qualquer um.

E ainda sem olhar para a inconformada secretária:

— É... aqui não temos mesmo essas coisas... Paciência...

Será que eu não registrava o que ouvia da minha leal e querida secretária? Que ninguém se engane com as aparências e com os comentários lacônicos que eu devolvia.

Eu prestava, e muita, atenção às expressões daquela senhora. Disfarçava o interesse, que era para não dar corda excessiva ao drama – aqueles meus minutos tentavam garantir a organização externa e interna antes de o próximo paciente entrar. Eu lhe plantava um ouvido curioso e um olho de soslaio; atentos, mas disfarçados. Sentia-lhe, por exemplo, a respiração atormentada.

— Pois o senhor acredita que ela então falou: 'Nossa, que consultório horrendo! Não tem nada aqui!'.

Eu sabia que o gatilho infalível, o que deixava em polvorosa aquela senhora pontualíssima, comumente tão afetuosa e prestativa, era um ou dois tipos peculiares de pessoas. Dessas que, rapidamente, fazem subir o sangue da gente à cabeça. Se o tipo estivesse na sala de espera, certamente a minha secretária irromperia consultório adentro, revoltada ou desconsolada, ou as duas coisas juntas, para contar sobre seu purgatório, na antessala de um psiquiatra.

— É isso aí! Nem café expresso, nem *Caras*... Ficaremos devendo, né?, respondi.

Mas ela se agarrava ao desabafo. Aproximou-se, inclinou-se em minha direção, apoiou as duas mãos na mesa e... Nãããããooo! Na mesa? E ainda as *duas* mãos? Decerto ia marcar, eu tinha terminado de limpar!

— Doutor, horrendo é a mesma coisa que horrível? Pelo menos foi o que entendi, deve ter a ver, por exemplo, com uma coisa horrorosa, né?

Respondo com um gracejo:

— Isso mesmo! 'Horrendo, horroroso, horrível, horripilante. Até mais, minha senhora, e vamos nós adiante!'

Procurava manter o bom humor e queria que o descarrego se encerrasse logo. Mas relevava, afinal sabia que naquela exasperação havia a intenção de alertar e de cuidar do chefe. Via a boa intenção ali.

— Chumbo grosso pela frente, doutor! O senhor se prepare!

'Chumbo grosso pela frente', que jeito de falar! Mas era preciso reconhecer: os comentários eram pura psicopatologia intuitiva do cotidiano passado naquela pequena sala de espera. Mais que isso, seus comentários eram pre-mo-ni-tó-rios! Eu teria, mesmo, que me preparar, pensei, quando ela arrematou:

— Ai, doutor, mas aí eu não me aguentei! Disse assim, bem dito, olhando bem pros olhos da fulana: 'Olha, não tem nem Nespresso e nem tem *Caras*. Mas tem um bom médico! Serve?'. Mas fui educada, viu, doutor? O senhor não se preocupe!"

Com as "informações" captadas na antessala, mais os seus comentários, minha secretária e escudeira me transmitia os primeiros sinais desse verdadeiro laboratório comportamental que se chama sala de espera de um consultório médico.

As descrições vívidas e sinceras de uma secretária, incluindo sua eventual exasperação, dão início à consulta, antes mesmo de o médico entrar em cena. Os sinais captados e transmitidos por ela fomentam pressuposições que, transformadas em hipóteses clínicas prévias, serão comprovadas, ou não, no decorrer da consulta.

Que nos ajudem nas pressuposições, e não no reforço do preconceito. O tom depreciativo dos comentários feitos pela paciente deve ser levado em conta, mas estamos apenas no início. Não dá para ser taxativo. Quantas vezes, à medida que conhecemos uma pessoa, o ar arrogante e agressivo dos primeiros momentos cai por terra e aparece, no lugar, uma dificuldade existencial, acompanhada de angústia e melancolia! Mas vamos examinar o que ocorreu durante a consulta:

> Entrou. Era uma mulher de 42 anos, ar vaidoso e uma *finesse* forçada nos gestos. Tudo parecia estudado para impressionar, o que a tornava marcantemente artificial. Suspirando, largou-se sobre o sofá, em vez de, simplesmente, sentar-se, como a maioria das pessoas. Conferiu, dissimulada, se eu estava atento. Passou a fitar as paredes, quadro por quadro, para só então voltar brevemente o olhar em minha direção. Esticou as pernas e disparou: "Tem um pufe aqui?".
>
> Ou seja, repetiu comigo o mesmo padrão encenado com a secretária. Um psiquiatra fica atento a padrões comportamentais. Procuramos nos orientar pelos padrões, ao mesmo tempo que, conscientes disso, temos que nos libertar desse enquadramento automático que, se descuidarmos, nos leva a tentar encaixar num quadradinho a pessoa que apenas começamos a conhecer.
>
> Ao se expressar, fazia as mãos ondularem num balé, para então deixá-las suspensas e imóveis por alguns segundos. Criada a tensão gestual, ela parecia entrar em contato com

o divino. Então suspirava e fazia o olhar trespassar a parede, no que lembrava um breve transe. A convulsão de pálpebras completava a cena.

Furtivamente, ela conferia se eu lhe acompanhava os gestos que regiam sua melodia de sedução. "O senhor me entende, não é?" Não usava um simples "né", como 99% das pessoas. O som de seu "não é" se prolongava ao final. E só ficava faltando a baforada de charme na longa piteira.

"...porque ninguém me entende, nem minha mãe, nem meu namorado... Quer dizer, meu EX-namorado. Aquele inferno! Aquele desgraçado que não apareça na minha frente! Faço picadinho dele!"

De repente, parece possuída, outra pessoa ali. Então me mostra, ostensiva, os dois antebraços. Estão bem enfaixados, com curativo. Pergunta se eu quero que desenfaixe para ver. Não, não precisa, não é nossa prioridade nesse momento. Conta-me que, pela "enésima vez nessa droga de vida", se cortou e que também tomou um monte de comprimidos que encheram assim toda uma mão (faz uma concha alargada com as duas). "Eu não aguento mais, doutor! Eu quero morrer! Me dá um remédio bem forte pra eu morrer!"

"Tem água gelada?" Levantou-se, saiu bruscamente do consultório, logo voltou com um copo. "Ai, que sede! Aqueles incompetentes do pronto-socorro me entupiram de remédios, e agora eu não paro de beber água! Vou deixar a bexiga encher e vou mijar na cara deles, um por um, pra ver como é bom maltratar os outros!"

Nada bebeu da água que trouxe. "Estou exausta, não quero mais falar por hoje!" E fez aquilo de novo com a mão, para deixá-la despencar em seguida. Após alguns minutos de silêncio, lhe perguntei se poderia ajudar de alguma forma. "Sim, chame minha mãe! Tá lá fora, a san-tiiiii-nhaaaa!"

A mãe me conta que esta era sua única filha, a que lhe viria a dar doses rotineiras de preocupação e de desgosto. Embora tudo tenha parecido normal enquanto criança, a partir da adolescência ela não queria ir à escola, sempre se insurgia contra os professores "incompetentes" e desprezava os colegas "sem noção". Nunca fez amizades. Começou três faculdades, não suportou nenhuma além de poucos meses. A mesma dificuldade, nas tentativas de se manter empregada.

"Uma hora está bem, outra mal. Qualquer coisa que acontece, parece que vai acabar o mundo. Ela diz que ninguém gosta dela, fica procurando remédio e faca pra se matar, mas só corta um pouquinho, assim bem de leve."

A mãe continuou seu relato: "Costuma se isolar uns dias na chácara, mas volta de repente, reclamando que ninguém ligou, que ninguém se interessou em saber se ela estava viva. 'Muuuui-to o-bri-ga-da pe-lo a-mor de to-dos vo-cês!' Não consegue manter um relacionamento, pois 'ninguém serve' pra ela. Nunca namorou por mais de três ou quatro meses".

"Sempre quer estar bem, gasta todo o dinheiro em roupas e na maquiagem, quer ser admirada, ser o centro das atenções. No começo fica apaixonada, parece que vai morrer se não agradar o sujeito. Daí começa a implicar, a se sentir rejeitada, acusa os meninos de serem uns 'boca-mole', como ela diz. Quando briga com um deles, se corta. Tem essas cicatrizes no braço e nas pernas."

A mãe acrescentou que a filha sempre tomava excesso de medicações, "várias vezes, doutor, até já perdi a conta". Em três ocasiões foi preciso mantê-la por algumas horas em observação no pronto-socorro, como desta última vez. "Mas, doutor, eu sei que ela não queria morrer. Pois o senhor veja o que ela me pediu quando eu saí do pronto-socorro pra um cafezinho: 'Mãe, você liga pro Rick e diz que eu tentei me matar?!'".

Em algumas pessoas são marcantes a instabilidade nas emoções, a impulsividade, a tendência sedutora do comportamento, a sensibilidade a tudo o que interpretam como sendo rejeição. Essas características costumam dificultar ou impedir a adaptação, como também a desconsideração pelo próximo, as repetidas acusações e ameaças, a tendência a manipular as pessoas, a precária autoimagem, a necessidade de provocar admiração e a incapacidade de estabelecer um relacionamento empático e duradouro. Ainda que os frequentes atos de autoagressão não objetivem exatamente a morte, há, em longo prazo, maior risco de suicídio.

À semelhança do caso aqui descrito, certos comportamentos nos incitam a estabelecer um diagnóstico que bate com um perfil clínico prototípico que aprendemos a reconhecer: transtorno de personalidade. Esses pacientes são desafiadores para familiares e profissionais de saúde, uma vez que provocam as mais diversas e contraditórias reações, desde raiva e rejeição, sensação de impotência e insegurança, até um esforço desmedido de proteção e salvamento.

Importante: a noção simplista de que o paciente faz menção ou tenta o suicídio tão somente para chamar a atenção e *manipular* as pessoas deve ser rejeitada. Esse pode até ser um componente de seu comportamento (mobilizar e controlar pessoas próximas, seduzir, escapar de situações adversas, fugir de responsabilidades), mas não é o único.

CRENÇAS ERRÔNEAS EM RELAÇÃO AO SUICÍDIO

Se eu perguntar sobre suicídio, poderei induzir a pessoa a isso.

Por causa do estigma, as pessoas temem conversar sobre suicídio. *Questionar* sobre ideias de suicídio, fazendo-o de modo sensato e franco, fortalece o vínculo com quem está deprimido, que se sente acolhido por alguém que se interessa pela extensão de seu sofrimento.

Quem quer se matar, se mata mesmo.
Essa ideia pode conduzir ao imobilismo. Ao contrário dessa ideia, as pessoas que pensam em suicídio frequentemente estão ambivalentes entre viver ou morrer. Quando elas obtêm apoio emocional, no momento certo, podem desistir do suicídio.

Veja se da próxima vez você se mata mesmo!
O comportamento suicida exerce um impacto emocional sobre nós, desencadeia sentimentos de franca hostilidade e rejeição. Isso nos impede de tomar a tentativa de suicídio como um marco a partir do qual podem se mobilizar as forças necessárias para uma mudança de vida.

Ele está ameaçando o suicídio apenas para manipular...
Muitas pessoas que se matam haviam dado sinais verbais ou não verbais de sua intenção para amigos, familiares ou médicos. A menção ao suicídio pode significar um pedido de ajuda. Ainda que em alguns casos possa haver um componente de dramatização, não se pode deixar de considerar a existência do risco de suicídio.

Fonte: Baseado em Botega, 2023.

Atos de autoagressão e menção ao suicídio sempre devem ser levados a sério. Exige uma investigação clínica cuidadosa, e não condicionada pela emergência de fortes emoções ou julgamentos apressados. É importante ter em mente que pessoas que repetidamente se autoagridem, ainda que com baixo grau de letalidade, têm maior risco de um dia acabarem se matando.

É como se a pessoa nos dissesse, em tom de ameaça: "Se o mundo continuar sendo injusto ou insuportável, ou se algo desagradável me acontecer, eu não me responsabilizo pelo que irei fazer!". Na verdade, ela procura, com isso, nos acuar e forçar para que nos desdobremos nos cuidados.

A ameaça suicida gera nas pessoas ao redor uma reação de rejeição. Fecha-se, desse modo, um círculo vicioso que costuma aprisionar o médico, o paciente e seus familiares. É esse círculo vicioso, é esse nó, que precisa ser desfeito. Medicamentos são de utilidade limitada; é preciso fazer psicoterapia.

34

Assim meio bipolar...

"Fulano é assim meio bipolar." O termo "bipolar" já faz parte do vocabulário popular e, com isso, vai perdendo seu sentido psiquiátrico original. Paralelamente, um diagnóstico de transtorno afetivo bipolar (TAB) vem sendo dado a muitas pessoas que, antes, eram vistas como deprimidas e que, agora, passaram a ser medicadas como "bipolares".

Entre a banalização do termo e o quadro clássico de uma doença psiquiátrica, há muito questionamento. Haveria uma inflação de diagnósticos de TAB? Por outro lado, será que algumas pessoas vivem melhor se tomarem estabilizadores do humor, em vez de antidepressivos?

> "Desde a adolescência, sempre fui mais instável, sentindo tudo misturado. Ficava muito baixo-astral, mas depois de uma ou duas semanas estava bem. Aos 18 anos veio a primeira crise forte: não conseguia mais ir à escola, não queria ver ninguém, não saía da cama. Tentei me matar com um punhado de comprimidos mais vodca. Fiquei dez dias internada.
>
> Logo depois que tive alta do hospital, veio um período de alegria imensa, uma felicidade sem fim. Gastava demais,

não dormia, estava com mania de grandeza, mas passou sem maiores consequências...

Durante a faculdade, fiquei muito instável, tive dois afastamentos por depressão. Mais tarde, quando engravidei, entrei em depressão. Então comecei a tomar sertralina (um antidepressivo) e tive outro período de euforia, mas dessa vez com mais confusão na cabeça. Sentia o que eu não queria sentir, a mente em turbilhão, não conseguia ordenar os pensamentos, que vinham a mil. Tomava Rivotril como bala, totalmente sem controle..."

O TRANSTORNO AFETIVO BIPOLAR

O transtorno afetivo bipolar (TAB) afeta aproximadamente 1% da população. Se considerarmos as várias manifestações do que se considera o espectro bipolar, temos por volta de 4% de pessoas afetadas.

O TAB caracteriza-se pela recorrência de episódios de elevação e de depressão acentuadas do humor. Sem tratamento, os primeiros geralmente duram de 6 a 12 semanas; os segundos, de 12 a 24 semanas.

Não se trata apenas de altos e baixos do humor, com um retorno periódico à normalidade, mas de um processo patológico que inclui neurodegeneração e inflamação sistêmica.

A hereditariedade tem considerável peso na determinação da doença. O TAB é condicionado pela interação complexa de vários genes, cujos mecanismos fisiopatológicos, incluindo sua ativação por acontecimentos estressores, ainda não se encontram esclarecidos. O risco de um parente de primeiro grau de um portador de TAB vir a ter a doença encontra-se entre 2% e 15%.

Quanto mais longos e frequentes os episódios da doença, maior o impacto na qualidade de vida e maior a mortalidade precoce. Essa última ocorre devido à frequente coincidência de outras doenças, bem como ao suicídio.

Fontes: Baseado em Goodwin e Jamison, 2010; Grande et al., 2016.

O diagnóstico de TAB é feito a partir de critérios clínicos padronizados. Não há um marcador biológico para definir, por meio de exame laboratorial ou de imagem cerebral, a presença da doença. Para o diagnóstico, deve haver a ocorrência de pelo menos um episódio de *mania*, ou de *hipomania* (quadro mais leve de mania) ao longo da vida.

Mania aqui não é usada no sentido popular ("Fulano tem mania de limpeza"). O vocábulo deriva-se da raiz grega *menis*, que denota estados anormalmente excitados ou irritáveis. O equivalente latino é *furor* (furor maníaco). Veja exemplo clínico de mania no Capítulo 35, "Exalando vitamina pelos poros!".

Mania é uma expressão da psicopatologia que inclui uma combinação de sintomas variável:

- Elevação do humor (exaltação, alegria, euforia, irritabilidade, hostilidade).
- Diminuição da necessidade de sono.
- Aceleração do pensamento, com muitas ideias e planos grandiosos.
- Fala rápida, com pressão para falar, com frequentes mudanças de assunto.
- Hiperatividade, com aumento da energia.
- Ideias de grandeza, com autoestima e otimismo exagerados.
- Desinibição, indiscrição, maior interesse sexual.
- Impulsividade, gastos insensatos ou exagerados.

Possibilidades de oscilação do humor no transtorno bipolar

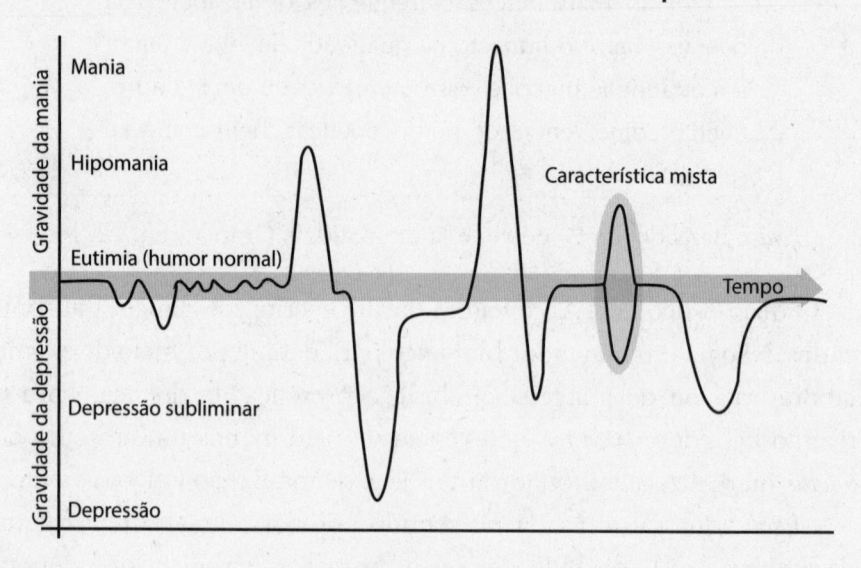

Fonte: Adaptado de Grande et al., 2016.

Nos casos mais graves de mania, costuma haver o surgimento de sintomas psicóticos congruentes com a elevação do humor: ideias de grandiosidade, megalomania e messianismo. Às vezes, o delírio maníaco envolve ideias de ser invejado e perseguido por inimigos.[28]

Ocorre que as pessoas que sofrem de TAB passam muito mais tempo deprimidas do que nas fases eufóricas da doença. Antes do primeiro episódio maníaco, ou hipomaníaco, pode haver vários períodos de depressão.

Esse fato e o histórico de longos períodos de depressão podem confundir o médico, que diagnostica e trata esses pacientes como deprimidos, e não como bipolares. Além disso, os episódios hipomaníacos podem passar despercebidos por médicos, pacientes, ou familiares, retardando o diagnóstico de TAB.

Com isso em mente, o médico cuidadoso investigará se o paciente deprimido já passou por fases de humor eufórico, ainda que brandas.

---

28. Grande et al., 2016.

Ou seja, passará a investigar se eventuais fases de hipomania poderiam caracterizar um quadro de TAB. Fará uma série de perguntas; por exemplo: "Você já teve um turbilhão de planos chegando à mente, passou noites seguidas dormindo muito pouco, começando a fazer várias coisas ao mesmo tempo e, apesar disso, não sentiu nenhum cansaço?

Já teve um sentimento de ter a luz da razão e, com memória e raciocínio turbinados, dominar o conhecimento? Já sentiu uma pressão enorme para falar e se comunicar com as pessoas, com o cérebro funcionando tão rápido a ponto de perder o fio do pensamento?

Já se sentiu, por vários dias seguidos e na maior parte do tempo, mais atraente ou mais rico, a ponto de exagerar nos galanteios ou nos gastos? Já teve a certeza de ter sido agraciado com um dom especial e, assim, estar predestinado a cumprir uma missão neste mundo?

Você já esteve com tanta vibração e energia a ponto de sentir algo maravilhoso e etéreo, e se sentir mais ativo e otimista? Mais sociável, menos tímido, fazendo mais ligações telefônicas e saindo mais?

Ficava mais facilmente irritado e se envolvia em discussões e disputas? O que as pessoas comentavam sobre seu comportamento? Qual impacto essas mudanças tiveram em sua vida?".

A indução de episódios de euforia desencadeados por drogas de abuso e por medicamentos usados para emagrecer também precisa ser investigada, pois é um problema frequente em nossa sociedade.

Quando da ocorrência de um episódio desse tipo, apenas com o passar do tempo saberemos se o ocorrido foi acontecimento isolado e induzido por uma droga ou se terá sido o início do TAB, configurando um padrão de alterações de humor subsequente e independente do uso de drogas.

Também pode ocorrer de o diagnóstico de TAB ser feito tardiamente devido à coincidência de outros problemas psiquiátricos. O abuso de álcool e de outras drogas psicoativas, por exemplo, pode chamar mais a atenção dos familiares e do médico do que a alteração de humor subjacente.

O que vimos até aqui dá ideia da dificuldade e, ao mesmo tempo, da importância de se fazer o correto diagnóstico de TAB, diferenciando-o da depressão isolada e de outros problemas mentais.

O transtorno bipolar clássico (também chamado de TAB tipo I), com padrão característico de fases de elevação e de depressão do humor, não é o mais frequente na população. Variantes da forma clássica passaram a ser consideradas transtornos do *espectro bipolar*. O conceito de espectro bipolar ampliou consideravelmente a gama diagnóstica e o desafio terapêutico.

O conceito de transtorno bipolar tipo II (TAB tipo II) desenvolveu-se a partir da década de 1970. É a forma mais frequente da doença. Geralmente há episódios curtos de hipomania (de um a quatro dias, até de poucas horas), além das fases de depressão.

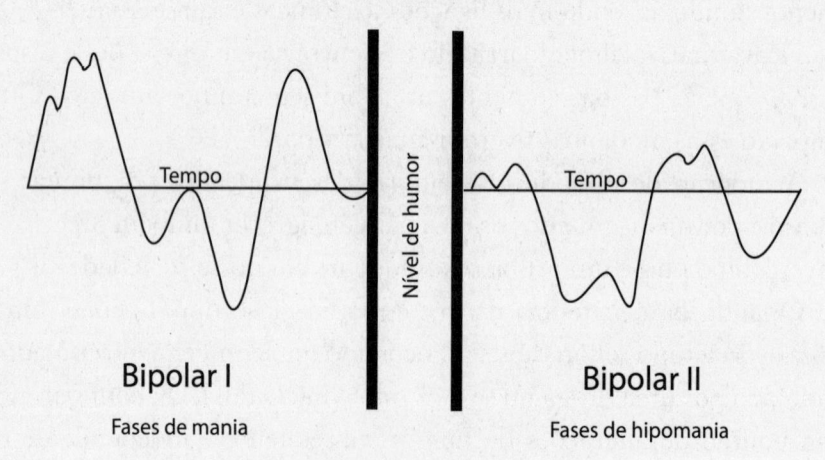

Tipos de transtorno afetivo bipolar

Bipolar I
Fases de mania

Bipolar II
Fases de hipomania

Fonte: Elaborado pelo autor.

Bipolares tipo II passam cerca de 50% do tempo da vida deprimidos, 1% com sintomas de hipomania e 2% do tempo em *estados mistos* (que combinam depressão com euforia ou agitação).

Outros quadros sintomatológicos integram o espectro bipolar, como os que cursam cronicamente, com períodos mais curtos, em que os sintomas hipomaníacos, ou depressivos, têm menor gravidade (*ciclotimia*).

Os medicamentos que visam estabilizar o humor precisam ser tomados diariamente, e os benefícios só se colhem em longo prazo. É arriscado interrompê-los. Em tempos de relativa calmaria, ou durante a fase de euforia do TAB, pode-se nutrir a crença de que o problema foi superado, o que é uma forma disfarçada (e poderosa!) de não aceitar a realidade da doença.

É difícil, para o paciente, aceitar o diagnóstico de TAB, uma doença crônica que se manifesta por fases de instabilidade e períodos de normalidade do humor. É difícil, também, se convencer a tomar remédios diariamente.

Uma pessoa que sofre de TAB só adere ao tratamento quando se convence de que evitar novos episódios da doença é fundamental para a sua qualidade de vida. Em geral, ela só consegue pensar dessa maneira depois de ter passado por repetidas fases da doença, com muito sofrimento. A psicoterapia, nesse sentido, é importante recurso adicional no tratamento do TAB.[29]

---

29. Parikh et al., 2016.

35

Exalando vitamina pelos poros!

Quando abri a porta da sala de espera, deparei com a secretária e mais quatro pessoas esfuziantes. Participavam de uma confraternização espontânea e magnetizante. Impregnados por uma alegria fácil, todos passamos a sorrir incontidos. O maestro do agito era Roberto, um engenheiro e empresário de 63 anos. Ele havia encantado a todos. Tão espalhafatoso quanto simpático, de pé, discursando, nos chamava de "meus queridos confrades". Seu cartão de visita foi distribuído como uma hóstia redentora. Sua mulher, com vergonha alheia, apenas conseguia se encolher na poltrona. Olhou para mim constrangida e balbuciou: "Desculpa...".

Entraram os dois no consultório: "Doutor, o que eu poderia negar para essa deusa que me acompanha por toda uma vida, esse anjo divino sempre a me proteger? Vim porque ela insistiu, o que ela mais precisa é que o senhor meça minha pressão arterial, só isso! Porque eu estou ótimo! Veja, doutor!". Levantou-se, fez meia dúzia de polichinelos e bradou:

"Ótimo, doutoríssimo, me sinto ótimo, otimííííssimo! Estou exalando vitamina B12 pelos poros!".

Tagarelava em alta velocidade e sem sinal de cansaço. Estimulava-me a acompanhar atento a lógica de seus planos e suas concepções singulares. Havia uma nova ordenação no mundo. Esboçava-a em uma folha de papel que se sentiu à vontade para buscar na impressora atrás de minha mesa. Eu seria seu aliado em um processo de transformação das instituições e dos seres viventes. Ele me fazia o convite privilegiado, pois passou a me querer bem logo de cara. Ele tinha sentido a minha energia transformadora...

Foi com dificuldade, e em meio a várias interrupções, que a esposa conseguiu falar: "Ele está acelerado desse jeito, comendo e dormindo pouco, há duas semanas. Tudo começou assim: quebrou-se uma fechadura da casa; então ele foi a uma loja de ferragens e comprou dezesseis novas fechaduras".

Perguntei: "E por que exatamente dezesseis, Roberto?". Ele sorriu com regozijo: "Doutor, estou vendo que o senhor tem a qualidade essencial para um profissional de sucesso: uma curiosidade inteligente!". Ganhei três tapinhas no ombro, uma piscadela de cumplicidade e fui agraciado com uma nova revelação: "Pois são dezesseis as portas com o mesmo tipo de fechadura lá em casa! Se quebrou uma, as outras também vão quebrar! É uma questão de tempo!".

Se você está sorrindo desse eletrizante Roberto, saiba que eu também sorrio alegre toda vez que me lembro dele. O que aconteceu naquela sala foi o que se chama de *alegria contagiante*, uma denominação bem apropriada! Nosso querido confrade estava movido por uma elevação patológica do humor chamada de *mania*. Nesse estado de felicidade e prazer, a pessoa se mostra exuberante, espirituosa e hilariante, a ponto de contagiar quem estiver por perto.

Roberto não tem a percepção do estado crítico em que se encontra. É uma locomotiva sem freio e sem maquinista. Essa condição costuma trazer enorme dificuldade para a família e para o médico, uma vez que a pessoa não se sente necessitada de cuidados. Não deve ser maravilhoso sentir a energia exalando pelos poros?

Trata-se de uma fase de aceleração anormal do humor, que é observada no transtorno afetivo bipolar (TAB). Há uma sensação de extremo bem-estar, com níveis aumentados de energia e de agilidade mental. A vivência é de plenitude e de se encontrar em um nível superior de existência. A felicidade é total!

Passado algum tempo, é comum sobrevir intolerância, irritabilidade fácil e descontrole agressivo. Qualquer contrariedade será estopim para uma briga. "Se eu sou tão inteligente e poderoso, se eu sei muito mais do que as outras pessoas, por que você não reconhece isso?"

A alegria maníaca cai por terra quando as consequências de atos desenfreados levam a sérias dificuldades pessoais, às vezes a desastres. Veja o que a esposa do Roberto, sem saber como contê-lo, me comunicou por e-mail, cinco dias após a consulta:

> "Após a ida dele à última consulta, voltou aparentando ter consciência do seu estado de saúde e reconhecendo o diagnóstico de transtorno bipolar, conforme folheto que o senhor lhe entregou.
>
> Espertamente, levantou a bandeira do diagnóstico para afirmar a todos à sua volta, inclusive no ambiente de trabalho, que é uma pessoa doente e que, portanto, todos têm que aceitar e respeitar sua condição. Com isso são obrigados a não incomodá-lo e acatar tudo o que ele disser, sem oposição. A cada eventual contrariedade, reage em tom alto, muitas vezes aos gritos, com sentimento de superioridade sobre tudo e sobre todos.

Continua incansável e sente que tem um dom especial de curar por meio de rezas. Permanece na fábrica até altas horas da madrugada e, quando chega em casa, não tem sono. Fica ligando para as pessoas de madrugada – 'contatos importantes', segundo ele – e vai para a cama só às três da madrugada, e às sete já está de pé, a mil.

No aspecto financeiro, tem demonstrado preocupações, porém, em seguida, vive a euforia de riqueza, de poder etc. Deu, por exemplo, cem reais de gorjeta para um manobrista do estacionamento. Deixa os diretores e as chefias totalmente envergonhados com comportamentos como esse. E agora deu de fazer insinuações sensuais dirigidas às funcionárias e com certas revelações de sua intimidade. Me contaram isso..."

Lidar com uma pessoa movida por essa felicidade anormal e pela exaltação patológica do humor não é nada fácil. Não sabemos até onde poderá chegar a agressividade da pessoa quando a confrontarmos com a realidade ou tentarmos lhe impor limites. Acuados pelo medo, sentimos que precisamos fazer alguma coisa, sem saber exatamente como agir.

No caso da mania, algumas restrições comportamentais são necessárias, como não sair sozinho nem dirigir ou trabalhar sem supervisão, acesso restrito a internet e telefone, evitar ambientes com muito estímulo, ficar temporariamente sem o cartão de crédito. O paciente, no entanto, não costuma aceitar facilmente tais restrições.

Há algumas recomendações que costumam ajudar. Longe de pretenderem ser uma espécie de receita fácil, elas devem ser adaptadas a contextos específicos e ao modo de ser de cada um dos envolvidos na crise.

Não bater de frente

Confrontar, desafiar e bater de frente não são boas estratégias! Tampouco inicie um jogo de força, quer por raciocínio lógico, quer por ameaças e alteração do volume de voz. Essas atitudes podem aumentar a escalada de agressividade.

Não confrontar quer dizer se omitir e ficar calado? Não, ao contrário! Temos que ajudar a pessoa a perceber seu comportamento alterado. Podemos mostrar que compreendemos o conteúdo de uma queixa ou reivindicação. No entanto, em seguida, mostrar a forma inadequada de expressão, contrastá-la com as maneiras que lhe eram habituais. Manter-se passivo, ou se afastar, aumenta no paciente o sentimento de onipotência.

Intervenção verbal em dois tempos

A intervenção em dois tempos é uma maneira de lidar com uma pessoa mergulhada em uma crise maníaca que a impede de pensar normalmente e ser razoável. Ela não conta mais com um poderoso mecanismo psíquico de freios e contrapesos que normalmente modulam nosso comportamento. A pessoa está impulsiva, não consegue visualizar um leque de alternativas e passa a exigir que se faça o que ela quer que seja feito.

Nossa resposta a suas urgências e reivindicações deve ter duas partes, ou "tempos":

1. *Reconhecimento*. Reconheça as dificuldades e as preocupações da pessoa, ouvindo-a com calma, respeito e atenção. Por exemplo:

> "Eu compreendo que é muito chato ser impedido de dirigir, sobretudo diante dos motivos que você me expôs e também porque você sempre foi um bom motorista..."

2. *Limite*. Estabeleça limites. Relembre as restrições que visam à proteção e à segurança:

> "Por outro lado, já conversamos sobre como está sua impulsividade. A restrição quanto a dirigir, além de temporária, é para protegê-lo e evitar acidentes. Todos nós contamos com a sua compreensão e colaboração!"

Para conter a prolixidade, interrompa a pessoa com firmeza: "Agora pare de falar só por um momento! Eu gostaria que você me escutasse por alguns segundos". Faça-o com concisão e objetividade. Nunca se alongue em justificativas, nem implore ou ameace. Isso irá enfraquecê-lo ao olhar de seu interlocutor. E lembre-se: não entre em disputas verbais, não altere a voz!

Se o paciente se exasperar diante das restrições, interrompa e avise: "Eu quero continuar a ajudá-lo, mas você está muito nervoso. Vou me afastar um pouco para eu e você nos acalmarmos. Daqui a alguns minutos, a gente volta a conversar". E se afaste calma e normalmente. Não o faça com desdém ou pisando duro!

Assegure à pessoa que tudo está sendo feito para apressar seu restabelecimento, para permitir que ela retome a sua rotina de vida. É importante tentar envolvê-la ativamente em um plano de recuperação e lhe permitir tomar algumas decisões que não afetem o essencial do tratamento.

Mesmo com essas estratégias, a sensação de plenitude e de poder do paciente pode se transformar em certezas, às vezes delirantes. Ideias paranoides podem se somar às de grandeza e onipotência, e crises de agressividade podem se tornar muito perigosas para todos.

Na falta do tratamento adequado, o quadro tenderá a se agravar. A situação pode ficar insustentável, a ponto de ser necessária uma internação psiquiátrica. O risco para si ou para os outros, a exaltação agressiva, bem como a exaustão dos cuidadores, são circunstâncias que pesam nessa decisão.

36

Ele tem um tio que se matou...

Ele olhava impaciente para o relógio; já havia dez minutos sem que nada fosse acrescentado às suas poucas frases iniciais. Sua queixa, declarada logo que entrou no consultório, era de que não conseguia se expressar, principalmente quando se emocionava. "Sempre quero encerrar a conversa, sair de perto." Acrescentou que nem sabia direito por que tinha vindo a um psiquiatra: "Foi pura insistência da minha esposa, que está ali fora me esperando".

Procurei lhe fazer pouquíssimas perguntas, as mais gerais, que não o intimidassem, mas... Disse que preferia não responder. Resolvi aguardar um pouco mais. Intuía que, se eu chamasse logo a esposa, seria danoso ao vínculo que eu procurava estabelecer com aquele alguém tão silencioso e acuado.

Eu não o fitava diretamente e procurava manter a expressão tranquila. Não era fácil, a tensão que dele imanava me invadia. Procurei relaxar cada músculo que eu sentia retesado – e eram vários. É isso que deixa um psiquiatra quebrado ao final do dia, essa calma mantida em meio às turbulências emocionais e ao caos das ideias, esse esperar em um silêncio aflitivo.

Aqueles primeiros minutos custavam a passar. Finalmente ele se levantou, retirou do bolso um envelope lacrado com grossa fita adesiva e o entregou a mim. Sem olhar em minha direção, cabeça baixa, evitava encontrar meus olhos, que haviam se voltado para ele. "Escrevi ontem à noite; tem os principais pontos da minha vida desde a adolescência."

Onze páginas de papel sulfite digitadas e impressas em espaço simples, corpo 10. Ele me pediu para eu ler depois e ameaçou se levantar para se retirar. Fui rápido na contraproposta, quem sabe eu não poderia ler sua carta ali, em voz alta.

Ele aceitou. E não se negou a esclarecer os pontos sobre os quais eu lhe solicitava esclarecimento. Foi esse o caminho para começar um diálogo. Eu formulava as perguntas com respeito e cuidado – lidando com uma xícara de porcelana muito fina –, ele respondia solícito, gradualmente, com menos titubeios ou receio.

A estratégia deu certo, e, na metade do tempo de consulta, ainda estávamos na terceira página! Faltando pouco para o encerramento desse primeiro encontro, eu lhe perguntei se poderia chamar a esposa, para conversarmos os três juntos. Disse que voltaríamos à carta, com mais vagar, e, se ele concordasse com isso, em uma próxima consulta na semana seguinte.

A esposa entra e diz estar muito preocupada. "Doutor, ele sempre foi muito reservado, mas agora está demais, eu nunca o vi desse jeito! Faz uns dois meses que nem à casa das filhas quer ir. Ele adorava fazer isso, ia pelo menos umas duas, três vezes na semana, para ver e brincar com os netos. Eu não sei como ajudar. A gente pergunta se está acontecendo alguma coisa, e ele diz que está tudo bem, que apenas está cansado de viver. Não é pra ficar preocupada? E sabe, doutor, ele tem um tio que se matou..."

"Um tio que se matou..." Em geral, ouvimos a frase de um familiar preocupado com seu parente deprimido. A informação vem quase sempre sussurrada. Baixa-se o volume da voz a fim de manter dormente o monstro que pode acordar e abater outros membros de uma mesma família. Mas voltemos à: situação clínica que estava se desenrolando.

Ao terminar de ouvir o relato da esposa, voltei-me para o paciente, que tinha os olhos marejados. Ele estava emocionado e, como inicialmente me prevenira, não conseguia emitir nenhum som. Delicadamente, solicitei à esposa que se retirasse e aguardasse um pouco mais na sala de espera.

Então, vi meu paciente chorar compulsivamente. Balbuciava que não sabia o que estava acontecendo, que se sentia vazio e sem gosto pela vida. Pensava muito em morrer. Era uma ideia perturbante, que ao mesmo tempo o acalmava e o assustava, pois sempre tinha sido um homem cuidadoso com a saúde, com a família e com as obrigações.

Questionado por mim, negou estar fazendo planos de como se matar, não tinha armas ou venenos em casa. Olhou para mim e disse: "Doutor, acho que é depressão. O senhor, por favor, me dê um remédio, que na próxima semana eu voltarei para continuarmos a ler a carta". E ele voltou.

Fiquei aliviado quando ele voltou. O suicídio é a consequência mais trágica da depressão. Houve o sofrimento de quem partiu, há o sofrimento das pessoas que eram próximas do falecido. Um único suicídio impõe aos que ficam o choque e a violência do abandono, além de desencadear sentimentos confusos e aparentemente inconciliáveis.

A dor causada por um suicídio é silenciada na vida das pessoas e ocultada na história das famílias. Ouve-se uma notícia vaga sobre a morte de um parente, nada mais. Então, sobre o que não se conversa, podemos ter a impressão de que não aconteceu, nem continua acontecendo. No entanto, o número de suicídios em nossa sociedade é maior do que se pode imaginar, como veremos no próximo capítulo.

Se considerarmos os registros da literatura, bem como a experiência de ouvir pacientes que, tendo tentado o suicídio, sobreviveram, o que podemos apreender? Que, na maioria dos casos, o suicídio é fruto do desespero, de uma intensa dor psíquica.

> **PSYCHACHE**
>
> Edwin Shneidman (1918-2009) foi um psicólogo norte-americano e uma das maiores autoridades em prevenção do suicídio, tanto por seu vasto conhecimento humanista quanto por sua experiência ao atender pessoas às voltas com o suicídio. Para ele, o objetivo central do suicídio é a cessação da consciência a fim de evitar a dor psíquica – *psychache*, o neologismo que ele criou. Trata-se de uma dor insuportável, vivenciada como uma turbulência emocional sem fim, uma sensação angustiante de estar preso em si mesmo, sem encontrar outra saída senão o suicídio. Shneidman nos lança a intrigante questão: se um indivíduo atormentado pudesse, de alguma maneira, interromper a consciência e continuar vivo, por que ele não optaria por essa solução? E reafirma que, em suicídio, a palavra-chave não é morte, mas *psychache*.
>
> *Fonte:* Baseado em Shneidman, 1993.

A temática do suicídio está aberta a diferentes visões e a várias ciências. Devido à sua natureza dilemática, complexa e multidimensional, não há uma maneira única de abordar o problema.

Na perspectiva da saúde pública, os chamados *fatores de risco* derivam da consolidação de dados oriundos de estudos populacionais.

E quais são os principais fatores de risco para o suicídio? Transtornos mentais e histórico de tentativa de suicídio. Essa evidência é muito diferente de se afirmar que todo caso de suicídio se deve a um transtorno mental. No entanto, devido ao fato de estar presente na grande maioria dos casos, o transtorno mental é um elemento quase obrigatório, ainda que insuficiente, para o suicídio. E, dentre os transtornos mentais, é a depressão que mais predispõe ao suicídio.

- O risco de suicídio é aumentado por algumas condições mentais que acompanham a depressão, como a impulsividade, a agressividade, a ansiedade acompanhada de inquietude motora, a insônia grave, o uso abusivo de álcool e de outras substâncias psicoativas.
- No início do tratamento com antidepressivos, a energia e a motivação podem melhorar antes do desaparecimento dos pensamentos negativos e da falta de esperança. A atenção deve ser redobrada, pois o paciente já tem condições de agir segundo seus pensamentos e planos suicidas.

Quando o suicídio é fruto de uma depressão angustiante, o ato letal é condicionado sobretudo pelo desespero e pela visão de não haver outra saída para a dor do viver. Nesse sentido, podemos dizer que faltam a clareza racional e a livre escolha presentes em famosos suicídios da Antiguidade greco-romana. Ao contrário, na maioria dos casos de suicídio, pensamos existir uma constrição, um estreitamento, da visão.

O mesmo se observa entre adolescentes, com a ocorrência de suicídios impulsivos. A ação que conduz à morte se dá antes mesmo de terem surgido ideias mais elaboradas que pudessem dar outro caminho para um trauma psíquico. Por isso, alguns chamam de *ato-dor* a tentativa de suicídio que ocorre no escuro representacional, antes mesmo de se instalar o sofrimento, por meio de sentimentos e pensamentos.[30]

Então, em casos de desespero depressivo, temos que zelar para que um suicídio não ocorra? Sim, é exatamente isso, se entendermos que zelar significa observar, ouvir e cuidar, e não apenas vigiar.

Quando falamos em prevenção do suicídio, não se trata de evitar todos os suicídios – nenhuma sociedade conseguiu isso ao longo da história –, mas uma parcela de mortes evitáveis. Diagnóstico tardio, carência de serviços de atenção à saúde mental e inadequação do tratamento agravam a evolução dos transtornos mentais e, em consequência, o risco de suicídio.

---

30. Macedo e Werlang, 2007.

37

Ameaça suicida: cão que ladra não morde?

Se 44* pessoas viessem a falecer em um acidente rodoviário, isso seria manchete em todos os telejornais e portais de notícias, concorda? Pois em nosso país, diariamente, 44 pessoas cometem suicídio. Se você não tinha ideia dessa magnitude é porque o suicídio é uma tragédia silenciosa e silenciada. Um tabu social tende a ocultar a realidade dos suicídios.[31]

Uma taxa que gira em torno de seis suicídios para cada 100 mil habitantes ao longo de um ano pode parecer relativamente baixa se considerarmos que a média mundial está em torno de nove. No entanto, por ser populoso, o Brasil ocupa o oitavo lugar entre os países que têm os maiores números de mortes por suicídio.[32]

No Brasil, entre 2010 e 2019, as taxas de suicídio aumentaram em todos os grupos etários. O aumento foi mais pronunciado em adoles-

---

*. A última cifra oficial é de 37 suicídios, em média, diariamente. No entanto, o próprio Ministério da Saúde reconhece que ela deve estar subestimada em pelo menos 20%, pois alguns suicídios não são registrados como tais (Brasil, 2021).
31. Botega, 2023.
32. WHO, 2021.

centes (15 a 19 anos de idade), com uma taxa que saltou de 3,5 para 6,4, um incremento de 81%.[33]

No espectro do comportamento autoagressivo, o suicídio é a ponta de um *iceberg* que engloba desde automutilações, mais frequentes entre os adolescentes, até tentativas de pôr fim à vida.

Estima-se que o número de tentativas de suicídio supere o de suicídios em pelo menos dez vezes. Um estudo populacional realizado em Campinas (SP) revelou que, ao longo da vida, 17% das pessoas haviam pensado seriamente em pôr fim à vida, 5% chegaram a elaborar um plano para tanto e 3% já haviam tentado o suicídio.[34]

Adolescentes são mais propensos ao imediatismo e à impulsividade, ainda não têm plena maturidade emocional e, dessa forma, encontram maior dificuldade para lidar com estresses agudos. Provavelmente, a tecnologia e a internet aumentaram esse senso de imediatismo.

As redes sociais facilitam contatos, mas não proveem o apoio afetivo e prático de que às vezes necessitamos. Ao contrário, podem levar à alienação e a comportamentos com risco de morte.[35]

Uma tentativa de suicídio, muitas vezes, não objetiva a morte. Ela traz uma mensagem: eu não aguento mais essa situação. Não consigo transformar meu sofrimento em palavras e ações construtivas.

> "Ando emotiva demais, choro à toa, tenho dúvidas constantes sobre qual faculdade quero fazer. Estou no terceiro ano de cursinho, não queria continuar dando gastos pros meus pais. Também sou perfeccionista, tenho medo de errar. Na escola me sinto excluída, mas reconheço que sou muito na minha, não tenho amigas, sou eu e meus livros. A minha quitinete tá muito bagunçada, como eu, desorganizada, confusa. No desespero, andei ligando pro CVV.*"

---

33. Brasil, 2021.
34. Botega, 2009.
35. Garcia, 2018.
*. O Centro de Valorização da Vida (CVV) é uma organização não governamental brasileira, existente desde 1962, que atende pessoas que precisam conversar com alguém, mantendo o sigilo e o anonimato. O apoio emocional é oferecido por voluntários treinados, que atendem pelo telefone 188, pela internet (chat e e-mail) ou em postos de atendimento presenciais (consulte no site os endereços). O site do CVV é: cvv.org.br.

Pensamentos suicidas são frequentes na adolescência, principalmente em época de dificuldades diante de um estressor importante. Na maioria das vezes, são passageiros. No entanto, quando são intensos e prolongados, o risco de levarem a um comportamento suicida aumenta.

Além de um grau variável de intenção letal, a tentativa de suicídio representa uma comunicação, como um pedido de socorro em meio a uma situação insuportável. Veja exemplo no seguinte relato:

> "Quando eu tinha seis anos, meus pais se separaram, fui criada pelos meus avós. Cresci sem autoestima... Ultimamente eu andava desacreditada de tudo, cada vez mais sozinha e angustiada, me cortando nas coxas e na barriga. Precisava mesmo ter acontecido isso [uma tentativa de suicídio]. O que não mata... Vi que sou forte, que tem gente que se importa comigo! Tinha medo de que não gostavam de mim, mas tive o maior apoio de minhas amigas e da minha mãe. Precisava ver isso. Sentia que minha mãe não me dava atenção, agora ligo toda hora pra ela, e ela pra mim. Já o meu namorado... sumiu! Justamente quem sempre quer mais de mim, que sempre me cobra. Eu teria que perguntar pra ele: 'E você, será que você conseguiria viver recebendo um pouco menos do que está me exigindo?'. Mas ele também deve se sentir mal com essa minha depressão."

Automutilações e tentativas de suicídio – mesmo aquelas que parecem calculadas para não resultar em morte – devem ser encaradas com seriedade, como um sinal de alerta a indicar sofrimento psíquico e atuação de fenômenos psicossociais complexos. Não devemos banalizá-las. Nesse campo, costumamos lembrar que cão que ladra pode morder!

Perfeccionismo e autocrítica exacerbada, problemas na identidade sexual e nos relacionamentos interpessoais, discussões frequentes com pais, autoridades ou colegas, isolamento social, bem como *bullying*, face a face ou pela internet, são fatores de risco revelados em várias pesquisas com adolescentes.

O suicídio de colegas ou de personalidades cultuadas pode se constituir em modelo de comportamento a ser seguido por jovens mais vulneráveis. Nessa eventualidade, fala-se do caráter contagioso – ou de imitação – de certos suicídios.

É preciso estar atento à mudança de um padrão de comportamento, observado ao longo do tempo. É normal um adolescente passar a tarde toda trancado no quarto, após uma discussão com os pais. Mas... várias tardes? São sinais de que algo pode estar errado. O quadro a seguir reúne alguns sinais que alertam sobre risco de suicídio:

SINAIS DE RISCO DE SUICÍDIO EM ADOLESCENTES

- Mudanças marcantes na personalidade ou nos hábitos.
- Comportamento ansioso, agitado ou deprimido.
- Piora do desempenho na escola, no trabalho e em outras atividades rotineiras.
- Afastamento da família e de amigos.
- Perda de interesse em atividades de que gostava.
- Descuido com a aparência.
- Perda ou ganho inusitado de peso.
- Mudança no padrão comum de sono.
- Comentários autodepreciativos persistentes.
- Pessimismo em relação ao futuro, desesperança.
- Disforia marcante (combinação de tristeza, irritabilidade e acessos de raiva).
- Comentários sobre morte, sobre pessoas que morreram e interesse por essa temática.

- Doação de pertences que valorizava.
- Expressão clara ou velada de querer morrer ou de pôr fim à vida.

Fonte: Baseado em Botega, 2023.

Duas observações: Em primeiro lugar, muitos desses sinais são inespecíficos, pois também aparecem quando do surgimento de transtornos mentais graves que geralmente têm início na adolescência, como esquizofrenia, depressão, dependência química e transtorno afetivo bipolar. Segundo, é incorreto – e cruel com as pessoas próximas do falecido – afirmar que toda pessoa que se mata dá sinais de sua intenção letal.

Só conseguimos perceber risco de suicídio se estivermos permeáveis à ideia de que tal fatalidade poderá ocorrer com a pessoa que se encontra diante de nós. Como essa percepção é dolorosa, causando impotência e medo, uma couraça psicológica, de proteção, cega-nos em relação a essa possiblidade.

De modo simplificado, há três passos que devemos dar para tentar – *tentar*, nem sempre é possível – prevenir o suicídio de uma pessoa com quem nos relacionamos. Memorize o acrônimo ROC:

1. **R**isco. O primeiro passo é a própria suspeita do *risco* de uma pessoa vir a se matar. Com sensibilidade, devemos perguntar sobre ideias de morrer, de se matar.
2. **O**uvir. O segundo passo é *ouvir* com atenção e respeito, sem julgar, recriminar e se apressar em preleções morais ou religiosas.
3. **C**onduzir. O terceiro passo é *conduzir* a pessoa até um profissional de saúde mental, ou seja, não ficar paralisado.

38

Como ajudar uma pessoa deprimida

O que podemos fazer para ajudar uma pessoa deprimida? Seguem-se algumas sugestões. Será preciso adaptá-las às diferentes realidades e aos estilos pessoais:

Antes, lembremos o que *não* fazer:

- Desistir de ajudar.
- Fazer cobranças por melhora.
- Valer-se de comparações com gente que está em pior situação.
- Empregar a técnica dos chacoalhões morais.
- Infantilizar a pessoa, tratando-a como se ela fosse incapaz.

Ouvir com atenção, paciência e sem julgar

Deixar uma pessoa se expressar livremente tem um valor terapêutico. Uma atitude receptiva, tranquila, de não julgamento, costuma bastar para acalmá-la. De modo geral, você deve acolher e respeitar as fontes de estresse mais imediatas às quais uma pessoa em crise está reagindo.

Dependendo da pessoa e da situação, devemos agir distintamente. Em algum momento devemos ser mais ativos, ajudando a ponderar por meio de um diálogo, ou mesmo encerrar, com delicadeza, um fluxo interminável de autoacusações.

Por outro lado, quem está deprimido pode não se animar a conversar. Devemos lembrar que a depressão mina a vontade de interagir. Às vezes, a pessoa se isola e nos olha enraivecida exatamente para nos manter afastados. Por causa da depressão, os códigos de comunicação se alteram e podem nos deixar perdidos. Uma pessoa deprimida pode ter dificuldade para receber e retribuir um olhar, ou de agradecer um gesto de cuidado.

Tempo de qualidade

Tanto quanto possível, permanecer ao lado de quem está deprimido. Não todo o tempo, obviamente, mas um tempo de qualidade, poderíamos dizer, fazendo o que for possível. Coisas simples, como uma curta conversa ou um silêncio companheiro, um chá ou um suco, um programa leve na TV. Tudo isso para demonstrar compreensão e apoio.

Mudar a lente

Procure mudar a lente do negativismo e da desesperança. A depressão tira as cores e a alegria da vida, afeta a autoimagem, a autoestima e a esperança. São comuns as ideias de incapacidade, culpa, ruína financeira, doenças e morte. Há vários exemplos desses sintomas depressivos na primeira parte deste livro e no quadro a seguir.

EXEMPLOS DE DISTORÇÕES COGNITIVAS

Pensamento dicotômico. Tendência para avaliar situações de vida, desempenhos e expectativas de forma dualista e radical, com raciocínios do tipo *isso ou aquilo, tudo ou nada.* Não se visualizam diferentes possibilidades, não há um leque de opções. Por exemplo: "Ou ele volta pra mim, ou eu me mato!".

Sentimentos de catástrofe. As dificuldades são exageradas, tendo por finalidade obter ajuda ou, movido pela desesperança, se preparar para eventual fracasso.

Abstração seletiva. Tendência a valorizar experiências e informações de modo seletivo e negativo, em apoio a uma crença pessoal distorcida pela depressão, sem levar em conta os pontos positivos que deveriam ser considerados na avaliação.

Desqualificação do positivo. Apreciações de acontecimentos e da fala do interlocutor segundo o estilo *sim, mas...* Por exemplo: "OK, ela até ligou pra me cumprimentar pelo meu aniversário, mas foi só depois que o Facebook avisou ela. E ainda me disse isso!".

Falácia do belo. Crença de que tudo na vida tem que ser perfeito, harmonioso, belo. É por isso que há um ditado que diz assim: "O melhor inimigo do bom é o ótimo!"

Fonte: Adaptado de Botega, 2023.

Após ouvir com atenção e respeito, ajude a pessoa a ponderar, lembrando-a de que está tendo sentimentos e tirando conclusões influenciadas pela depressão. Procure contrastar, com delicadeza, as qualidades pessoais e as realizações do passado com as ideias e os sentimentos negativos do tempo presente.

Mas lembre-se! Ajudar a ponderar não significa convencer por insistência ou por disputa racional! Ao tentar demover as distorções provocadas pela depressão, faça-o com calma, concisão e sem insistência.

Gotas de otimismo

Quem está deprimido deve ser incentivado, sim, com delicadeza, a fazer pequenas coisas. Ao mesmo tempo, temos que respeitar sua necessidade de ficar mais quieto. Como o desânimo costuma ser pior de manhã, quem sabe não seria melhor tentar algo no final da tarde? Um banho, um lanche leve, uma caminhada até a padaria...

Quem está deprimido não consegue fazer exercícios nem iniciar uma corrida, mas pode dar pequenos passos, uma coisa de cada vez, com ajuda e incentivo discre-tos. Com a melhora da depressão, será ótimo iniciar caminhadas frequentes. Mas nem todo mundo gosta disso. Lembre-se: em vez de cobranças e broncas, compreensão e gotas de otimismo!

Lembrar o caráter transitório dos sintomas da depressão

Enfatize o caráter transitório de um tormento que parece não ter fim. A sensação de falta de luz no fim do túnel faz parte de uma experiência sofrida, mas limitada no tempo. Repita isso com calma, para ajudar, não para se contrapor e convencer.

Quem está deprimido também precisa ser prevenido sobre as oscilações que normalmente ocorrem durante o processo de recuperação. Há dias bons e dias ruins; esses últimos, quando interrompem um período de esperançosa melhora, costumam ser devastadores.

Para se avaliar o resultado do tratamento, paciente e familiares devem ponderar, junto com o médico, e tirar a média ao longo de um intervalo de vários dias.

Moratória e objetivos escalonados

No contexto de uma depressão, é aconselhável adiar decisões importantes. Podemos ajudar a pessoa a estabelecer uma moratória diante das pressões psicológicas. Por exemplo: "Até determinada data, não me obrigarei a dar uma solução para tal problema; até lá, procurarei me fortalecer e me proteger!".

Monitorar e ajudar no tratamento

O tempo que um antidepressivo leva para fazer efeito, o agendamento de uma consulta de retorno, uma dúvida a ser sanada com o médico, continuar a psicoterapia, lembrar de tomar os medicamentos... Esses são exemplos de "obstáculos intransponíveis" para quem, devido à depressão, está desanimado, sem energia e iniciativa. São coisas valiosas que podemos fazer, ao cuidar de aspectos práticos do tratamento.

Cuidar, cuidar-se

Pode ser difícil lidar com uma pessoa deprimida. Além de uma disponibilidade objetiva, que depende do tempo que resta em meio a nossos compromissos, é necessário estar atento a como está nossa disponibilidade interna.

Trata-se de um espaço que guardamos em nosso íntimo, preservado e calmo, e que se mantém aberto a interações com outras pessoas e com nossos próprios sentimentos. É por meio dessa disponibilidade interna que, naturalmente, conseguimos acolher uma pessoa em crise, que precisa de ajuda.

Tal disponibilidade normalmente varia segundo o momento de vida e as pressões que nós pessoalmente enfrentamos. Uma condição para manter essa disponibilidade é a necessidade de, para poder cuidar dos outros, cuidarmos antes de nós próprios!

Se você está cuidando de uma pessoa adoentada, procure dar um tempo para si próprio e se afastar um pouco da necessidade de cuidar; cultive o hábito de fazer algo que o anime ou relaxe; consiga alguém para ajudá-lo ou substituí-lo, pelo menos por algumas horas, na rotina de cuidados. O "cuidar de si para cuidar dos outros" e o "tomar conta de sua capacidade de cuidar" são fundamentais para quem trabalha com crises humanas.

Espiritualidade e religiosidade

Algumas pessoas conseguem manter um fio de esperança, em meio à depressão, ao abraçar uma vida de espiritualidade e de prática religiosa. Essa última, além da crença, inclui a participação em cultos e reuniões de fiéis. A prática religiosa fortalece a esperança, bem como o sentimento de pertencer a um grupo e de estar conectado a pessoas. São âncoras existenciais poderosas. A espiritualidade e a religiosidade são, também, fatores de proteção contra o suicídio.

O relato a seguir foi feito por escrito por um empresário de 55 anos, após ter saído de uma grave depressão:

> "Havia chegado à dura constatação: estava novamente com depressão. De início, confiei que superaria a situação, mas não tinha noção do que estaria por vir. O ritmo da piora foi rápido e avassalador. Minhas energias foram sendo minadas, a autoconfiança e a autoestima, destruídas. Entre idas e vindas a psiquiatras, o quadro se deteriorava e a insegurança crescia. Meu desespero era dramático, e o sofrimento e o mal-

-estar, enormes. Pensamentos suicidas tornaram-se mais frequentes e intensos e me assustavam muito. Já não tinha mais forças, iniciativa e capacidade decisória. Prostrado em meu leito, chamei minha esposa e balbuciei: cheguei ao fim da linha!

Minha esposa era meu porto seguro. Quando ela saía, eu me encontrava só, perambulando pelas ruas. Como encontrar outro porto seguro? Quando aqueles pensamentos tenebrosos de suicídio tomavam conta de meu ser, minha fé em Deus me encaminhava para dentro da igreja. Era minha fé inabalável em Deus que se transformava em energia necessária para preservar minha vida.

Quando melhorei, de volta à minha cidade, deparei com um frei agostiniano, que ouviu meus relatos e me acolheu, num ambiente de amor e de paz. Dou graças a Deus por essa nova oportunidade de vida. Renascer das cinzas, expressão corriqueira, porém profundamente verdadeira na minha vida. Sinto-me forte, confiante e curado, inclusive apto para auxiliar pessoas que enfrentam os mesmos problemas por que passei."

É frequente que, por conta da depressão, eu ouça um paciente me dizer que "Até a fé em Deus parece que eu perdi!". Ouço, compreendo e respondo que a depressão parece que nos tira tudo de bom, incluindo a fé e a sensação de amar alguém. E acrescento que, às vezes, a gente precisa orar, também para recobrar a fé e o amor.

Prevenção do suicídio

Às vezes, a depressão dá a mão ao desespero. A ideia de morrer, inicialmente rejeitada, passa a ser vista como a única saída para um tormento insuportável e sem fim. Algumas frases e reações podem sinalizar o risco de suicídio.

O risco de suicídio se eleva quando coexistem, além da depressão, outras condições, como ansiedade, insônia e abuso de álcool, para ficarmos em alguns poucos exemplos.

Em geral, é preciso redobrar a atenção e os cuidados dedicados ao doente, não o deixar só e mantê-lo afastado dos meios de suicídio, como arma de fogo, veneno ou grande quantidade de medicamentos.

Converse sobre prevenção do suicídio com o paciente, os profissionais e outras pessoas envolvidas nos cuidados. Não evite o assunto por medo. É melhor dividir suas preocupações e não carregar sozinho o peso da responsabilidade pela vida de alguém. Os dois capítulos anteriores abordam a temática da prevenção do suicídio.

PARTE III
PARA QUEM QUER SABER MAIS

39

Sortilégio de humores

Aqui começa a terceira parte deste livro. Os capítulos seguintes abordam a intrincada questão de como se constrói um diagnóstico psiquiátrico, tomando os quadros depressivos como exemplo. Também retomam e aprofundam aspectos do tratamento. Esses capítulos são mais densos do que os da segunda parte. Ainda assim, procurei deixá-los concisos.

O homem atormentado pela depressão sempre existiu. Concepções milenares buscaram explicações na ciência e em divindades que protegem ou castigam. Ideias e práticas de um passado distante resistem ao tempo e permanecem ativas em nossa mente, guiando o imaginário, os atos e novos questionamentos.

Neste capítulo, a linha do tempo parte da Grécia antiga, aproximadamente quatro séculos antes do nascimento de Cristo. À época, viveu Hipócrates (*circa* 460-357 a.C.), um médico que percorria as cidades, praticando e ensinando sua arte, e veio a se tornar o legendário pai da medicina.*

---

*. O que sabemos sobre a figura histórica de Hipócrates baseia-se em duas obras de Platão: *Protágoras* e *Fedro*. Platão foi contemporâneo de Hipócrates, precisamente uma geração mais jovem.

Ele e seus discípulos registraram o saber médico acumulado até então em um conjunto de livros, o *Corpus Hippocraticum*. Aí se encontra o famoso juramento do médico, proferido até os dias de hoje em cerimônias de formatura. Os quadros clínicos são detalhadamente descritos, acompanhados de conclusões diagnósticas e procedimentos terapêuticos aconselháveis. O pensamento hipocrático foi a base do ensino de novos *iatros* – médicos – durante a Antiguidade e a Idade Média.*

O fogo, o ar, a terra e a água eram considerados os elementos que compunham a natureza das coisas e dos seres. Diferentes combinações desses elementos – *têmperas* – explicavam os vários temperamentos do homem.

No corpo humano, esses quatro elementos se encontravam concentrados nos *humores*. Essa concepção, que já vinha do antigo Egito, foi sistematizada por Hipócrates e aperfeiçoada por outros grandes médicos da Idade Média: Galeno, em Roma, e Avicena, na Pérsia.** A natureza fluida dos humores e sua livre circulação pelo organismo permitiam a regulação tanto do temperamento quanto do funcionamento somático.

---

*. Os médicos que sucederam Hipócrates eram chamados de *iatros*. Daí *iatrogenia*, como se denomina o mau resultado de uma ação médica, realizada sem necessidade ou erradamente.

**. Galeno (*circa* 131-200 d.C.) nasceu em uma região da atual Turquia e tornou-se, em Roma, o mais respeitado dos médicos de sua época. Os ensinamentos hipocráticos, por ele reproduzidos e aperfeiçoados em vários tratados, perduraram por toda a Idade Média e fizeram uma curiosa peregrinação circular. Após a queda do Império Romano, os ensinamentos da medicina clássica migraram para as mãos de médicos e filósofos da Arábia. Lá, foram ampliados e aprimorados, sobretudo por Avicena (*circa* 980-1037 d.C.). Mais tarde, esse conhecimento retornou para a Europa, quando da invasão e do domínio árabes. Ao longo de toda a Idade Média, a dedicação dos monges copistas, com traduções e reproduções do árabe para o latim, fez chegar até nós a cultura médica acumulada (Arana, 1995).

Os quatro temperamentos hipocráticos

Temperamentos	Humor predominante	Elemento	Características pessoais
Sanguíneo	Sangue	Ar (quente e úmido)	Lutador, alegre, amoroso
Fleumático	Fleuma	Água (fria e úmida)	Preguiçoso, indolente, calmo
Colérico	Bílis amarela (ou cólera)	Fogo (quente e seco)	Raivoso, impulsivo, agressivo
Melancólico	Bílis negra (ou atrabílis)	Terra (fria e seca)	Triste, ensimesmado, reflexivo

Fonte: Baseado em Burns (2014).

A saúde residia no equilíbrio entre os quatro elementos. A lógica dos tratamentos consistia em reequilibrar os humores. Havia plena convicção no poder de recuperação do organismo. O médico, assim julgava Hipócrates, era tão somente um servidor da natureza.

O equilíbrio entre os humores era alterado por fatores naturais externos, por defeito ou por excesso de um humor, ou pela retenção humoral em um órgão, o que se chamava de *opilação*. A necessidade de "desopilar o fígado" perdura, portanto, desde há no mínimo 2.400 anos!

A teoria dos humores deu ensejo a várias expressões usadas até os dias atuais: *temperamento, desopilar o fígado*, estar de bom ou mau *humor*, sentir-se *melancólico* ou *encolerizado*, ou dizer que os ingleses são *fleumáticos*. O termo melancolia vem desses tempos, formado pela junção de *melana* (negra) e *cole* (bílis). Acreditava-se que a doença, bem como o temperamento melancólico, resultava do excesso de bílis negra.*

Para o tratamento da melancolia, Hipócrates se valia tanto de música suave e de banhos confortadores quanto de intervenções drásticas e dolorosas, como a flebotomia (sangria), o clister (que produzia diarreia) e a indução de vômito, que visavam combater a retenção do humor.

---

*. Jean Starobinski, em *A tinta da melancolia: uma história cultural da tristeza*, de 2016, chama a atenção para a pertinência simbólica e expressiva da imagem de um humor espesso e pesado, circulando com lentidão pelo organismo e soltando vapores escuros.

Areteu da Capadócia, um médico grego que viveu quatro séculos depois de Hipócrates, não refutou, mas reconsiderou a hegemonia da teoria dos humores. Além de uma causa *endógena*, representada pelo excesso de bílis negra, postulou que a melancolia podia decorrer de causas morais e passionais, como a preocupação excessiva, a desgraça, a paixão frustrada, o ciúme, e mesmo do excesso de estudo.[1]

Para Aristóteles, o cérebro condensava os *vapores* – concepção sucedânea e semelhante à dos humores – que emanavam de certos órgãos. Os vapores que subiam à cabeça explicavam vários distúrbios mentais, como a histeria, com seus vapores emanados do útero, e a melancolia, resultante de vapores do fígado e do baço.[2]

Essa concepção aristotélica atravessou toda a Idade Média e perdurou até fins do século XVIII. Vapores emanados do baço e do fígado, órgãos que se encontram na região do hipocôndrio, também causavam a *hipocondria*, que, por sua vez, se associava ao temperamento melancólico.[3]

Mencionamos, por fim, uma curiosa concepção sobre um mal que, acreditava-se naqueles tempos, acometia somente as mulheres: a histeria. O objetivo do tratamento dessa patologia era atrair de volta para o útero (*hysteron*) o humor que dele escapara para atingir o cérebro. Como fazer isso? Banhos de assento com ervas aromáticas.

Com banhos de assento, assim se combatiam os vapores histéricos! Outro conselho de Hipócrates para remediar o sortilégio humoral da histeria era logo viabilizar um casamento. Resvalava-se, desse modo, na sexualidade, embora ainda não fosse o tempo de se aprofundar nessa problemática. Teríamos que esperar por Freud, 23 séculos depois.

---

1. Starobinski, 2016.
2. Starobinski, 2016.
3. Conti, 2007.

40

A anatomia da melancolia

O termo *melancolia* nasceu na Grécia antiga e chegou aos dias atuais com a aura da palavra que perdura pela densidade histórica e pelo imaginário que evoca.

Com o passar dos anos, *depressione*, o termo latino para melancolia, passou a ser mais utilizado. No entanto, é importante esclarecer que os estados descritos como melancolia, no passado, e depressão, nos dias atuais, embora guardem alguma semelhança, não são idênticos.

A melancolia estaria latente desde o nascimento, tornando alguns de nós mais predestinados ao temperamento sombrio, como os poetas, os artistas, os religiosos e, sobretudo, os intelectuais. O temperamento melancólico não era concebido como, necessariamente, algo patológico. Entre os melancólicos, encontraríamos boa parte das pessoas mais brilhantes da sociedade.

O melancólico pode se sentir triste e sem esperança em seu íntimo, ainda que socialmente se valha da habilidade para contar piadas espirituosas, para alegrar o grupo de amigos ou para rapidamente cativar seu interlocutor. É na solidão que ele chora, ou se enraivece, e pensa que a vida é pesada e sem atrativos. Ao mesmo tempo que o melancólico suporta seu mal, também o constrói. Poderíamos pensar em um modo de ser que se sustenta.*,4

O território da depressão é menos vasto. Ainda assim, dentre as várias faces da doença, discrimina-se um perfil sintomatológico como sendo de *depressão melancólica* ou *endógena*. Esse último adjetivo lembra que o mal nasce dentro, com maior peso dos fatores biológicos na determinação da doença. Hipócrates já intuía isso.**

Os médicos medievais mantiveram-se fiéis à teoria humoral e se empenharam em dar uma tradução somática para as adversidades da vida. Galeno defendeu uma *melancolia amorosa* e explicou sua fisiopatologia: depois da desilusão amorosa, havia uma retenção do líquido seminal, que se degenerava com o tempo e produzia vapores tóxicos que subiam pelo corpo e afetavam o cérebro. O exercício fisiológico do coito, como forma de evacuação do humor retido, era, segundo Galeno, altamente recomendável para o restabelecimento da saúde.5

À medida que o poder da Igreja Católica se fortalecia, aumentou a necessidade de distinguir entre a doença do corpo e a doença da alma. Sucumbir à tristeza era fruto de um deixar-se abater pela tentação do demônio. Algum resquício dessa concepção pode perdurar em nossa mente quando tentamos compreender a estranheza e o caráter assustador, demoníaco, que a depressão desperta. Um paciente se referiu à depressão deste modo:

> "É... nem tem como esquecer, né? Acho que fui o paciente mais chato e mais difícil que o senhor já teve até hoje. Mas aquele negócio lá [a depressão] não foi coisa de Deus, não. É

---

*. O relato clínico do Capítulo 18, "Os poderes da mente, mas nem tanto...", ilustra bem essa construção melancólica que se autossustenta.
4. Starobinski, 2016.
**. A depressão do tipo melancólica, descrita em "As faces da depressão", no Capítulo 25, é a que melhor responde ao tratamento com antidepressivos (Khan e Brown, 2015).
5. Starobinski, 2016.

o único jeito de eu ver o que aconteceu comigo! Mas o importante é que tudo passa, né?"

Na Idade Média, os que se isolavam, deixavam de rezar e de engrandecer a obra de Deus cometiam o pecado da *acedia*. Se não mais valorizavam a rotina do trabalho, a graça do viver e a elevação do espírito, era porque haviam caído na cilada do demônio do meio-dia de que fala o Salmo 91. A melancolia era, portanto, decorrente do pecado da acedia.*,6

A ação do demônio também se expressava no *desperatio*. O termo nomeava a instigação demoníaca que conduzia ao suicídio. Embora o suicídio não tivesse sido taxativamente condenado pela Bíblia, a cada encíclica ele foi sendo mais e mais penalizado pela Igreja Católica. Em uma combinação de punição, dissuasão e exorcismo, o cadáver do suicida era torturado, arrastado por cavalos, esquartejado e pendurado de ponta-cabeça na encruzilhada das estradas.[7]

Por isso, orem e trabalhem! Fujam da acedia! Fujam do desespero! Assim recomendava a Igreja. O homem laborioso não cairia no tédio melancólico, nem abriria brechas para a tentação demoníaca. Não sejam solitários, não sejam ociosos! Assim também recomendava Robert Burton, o autor de *A anatomia da melancolia*.**

Publicado em 1621, *A anatomia da melancolia* faz uma cobertura enciclopédica e estilística de tudo o que havia sido publicado sobre a

---

*. O Inferno de Dante Alighieri (1265-1321), descrito em *A divina comédia*, reservava um círculo para os suicidas e outro para os pecadores da acedia. Esses últimos ficavam cativos em um lamaçal. Tentavam fazer-se ouvir, mas conseguiam tão somente balbuciar sons incompreensíveis. Agora, sim, o castigo lhes selava o que haviam buscado com o demônio: o isolamento do mundo, na morada infernal, sem possibilidade de se expressar (Alighieri, 1979).
6. Starobinski, 2016.
7. Minois, 1998.
**. Deve-se entender o termo *anatomia* do título em sentido metafórico. Era, também, uma referência às grandes obras que, no Renascimento, renovaram o conhecimento sobre o corpo humano (Starobinski, 2016).

doença. Ao mesmo tempo que compila as ideias assentadas em um amplo conhecimento da Antiguidade clássica e do medievo, traz o espírito do Renascimento.[8]

"Se há inferno na Terra, ele se encontra no coração do homem melancólico." A famosa frase do livro sintetiza o rompimento: o homem, e não mais a teologia, passava a dar a medida das coisas. Existia inferno? Sim, mas bem perto, no coração de um homem atormentado pela depressão.

Robert Burton (1577-1640), autor dessa obra de mais de duas mil páginas, não era médico; foi um erudito de Oxford, Inglaterra, com doutorado em teologia. Celibatário e de vida monástica, em seu livro ele se confessa vitimado pela melancolia e esclarece uma das razões para se dedicar exaustivamente à escrita: escrevia para afastar a melancolia que nascera do ócio, do torpor e da inatividade. Assim, buscava o antídoto para o que, em sua visão, era a causa primaz da doença.

O pseudônimo do autor – Demócrito Júnior[*] –, registrado na bela alegoria da capa, é a primeira de uma série de irreverências que fascinam e divertem o leitor. Em um estilo peculiar, quem se apresenta é o próprio Demócrito Júnior:[9]

> Esse temperamento vagante (embora sem o mesmo sucesso) eu sempre tive e, como um [cão da raça] *spaniel* errante que ladra a cada ave que aparece, esquecendo-se da presa, eu segui tudo, exceto aquilo que deveria e poderia com justiça reclamar, *qui ubique est, nusquam est* [quem está em toda parte está nenhures]... Também li muitos livros, mas praticamente sem

---

8. Burton, 2011.
*. Não existiu Demócrito Júnior; esse Júnior foi por conta do espírito gozador de Robert Burton. Tratava-se de homenagear Demócrito, que, no passado, passou a viver solitário, longe da cidade, e cujo riso de escárnio foi tido como indício de que havia enlouquecido. Hipócrates foi avaliar o famoso filósofo grego; encontrou-o mais são e mais sensato do que os que o tomavam como doente (Burton, 2011).
9. Burton, 2011.

proveito, por falta de um bom método; deitei-me confusamente sobre vários autores em nossas bibliotecas, com pouco lucro, por falta de arte, ordem, memória e julgamento. (vol. I, p. 56)

[...]

E, se garantes ler este tratado, ele não há de se mostrar de outro modo senão como a estrada ao viajante comum, às vezes bela, imunda às vezes; aqui aberta, ali fechada, estéril num lugar, fértil noutro: bosques, florestas, montes, vales, planícies etc. Eu te guiarei *per ardua montium, et lubrica vallium, et roscida cespitum et glebosa camporum* [por montes íngremes, vales escorregadios, relvas orvalhadas e campos cultivados], através de uma variedade de objetos que deves gostar e certamente desgostar. (p. 76-7)

[...]

Mas para que tudo isso? Espero que não haja motivo para ofensa; se houver, *Nemo aliquid recognoscat, nos mentimur omnia* [Que ninguém tome por verdade, nós mentimos em tudo]. Hei de negar tudo (meu último recurso), retratar tudo, renunciar a tudo o que foi dito, se alguém se ofender e tiver a mesma facilidade em perdoar que teve ao acusar; mas presumo teu bom favor, tua graciosa aprovação (gentil leitor), com esperança e confiança reforçadas, portanto, eu começo. (p. 201)

A melancolia é vista como um tipo de loucura sem febre, tendo como companheiros constantes a tristeza e o medo sem nenhum motivo aparente. Em linha com a tradição hipocrática, Burton lembra que um excesso de bílis negra se associava ao mais sombrio dos elementos, a terra, e ao mais sombrio dos planetas, Saturno.

Organizado em numerosas seções, o livro vai repassando cada um dos males que já haviam sido implicados no surgimento do mal: forças divinas ou demoníacas, magos e bruxas, conjunção dos astros, acontecimentos vários, fatores ambientais e vicissitudes da dieta, a desilusão amorosa e também o excesso do ler e do pensar.

No tratamento da melancolia, usavam-se drogas que supostamente purgavam ou dissolviam a bílis negra. Eram famosos os extratos derivados do heléboro, uma planta tóxica que provocava vômito e diarreia. Ao irritar a mucosa gastrointestinal, o heléboro causava uma insuspeitada hemorragia digestiva e, em consequência, fezes enegrecidas. A cor escura das fezes reforçava a teoria vigente: o excesso de bílis negra havia sido expulso.[10]

Ervas com ação psicoativa também foram empregadas para tratar a melancolia, sendo a mais famosa a erva-de-são-joão (*Hypericum perforatum*), usada até os dias atuais.

Outras formas de tratar a melancolia incluíam a extração do excesso de humor por meio de sanguessugas colocadas nas têmporas do doente, como também atrair o humor, ou vapores, usando-se ervas aromáticas concentradas em frontais.

Com o mesmo intuito, utilizou-se a trepanação, uma prática que resistiu às críticas até o fim do século XVIII. Por um orifício feito na calota craniana, saíam os vapores malévolos concentrados no cérebro.

Durante a Idade Média, ademais, alguns charlatães podem ter empregado a trepanação para extrair uma suposta pedra que, acreditavam alguns, causaria diversos tipos de loucura, entre as quais a melancolia. A prática foi registrada em diversas pinturas do século XVI, sendo a mais famosa *A extração da pedra da loucura*, de Hieronymus Bosch, pintada em 1485.[11]

---

10. Starobinski, 2016.
11. Gross, 1999.

A extração da pedra da loucura, Hieronymus Bosch, 1485.

Burton reuniu várias sugestões, de diferentes autores, de como lidar com o doente melancólico: dietas com alimentos frescos, claros e ricos em umidade; compressas frias na cabeça, fricções e banhos, distração e diversão com histórias agradáveis, músicas suaves e jogos em ambientes claros; atividades moderadas seguidas de elogios complacentes e reforçadores; combate à negatividade com leves admoestações; companhia constante ao doente, afastando-o de pessoas que lhe fossem desagradáveis; idas ao teatro para assistir a peças alegres; exercícios de retórica; passeios a pé ou a cavalo, viagens periódicas a estações termais e, se necessário, até mudança de país.

A partir do século XVIII, o sistema nervoso foi sendo cada vez mais estudado e reconhecido como o meio pelo qual o homem sentia e tomava conhecimento de si e do mundo. Passou-se a acreditar que a desregulação desse sistema causava as doenças mentais. Perdurava, no entanto, a ideia clássica de que a irritação do sistema nervoso era desencadeada por algum mal abdominal – bílis negra, vapor – localizado no hipocôndrio.[12]

Na virada para o século XIX, aos olhos de Philippe Pinel (1745- -1826), o melancólico era vítima de uma ideia que se formara em sua mente e que ali passou a levar uma vida parasitária. A natureza da doença era uma fixação mental: paixão, convicção, julgamento errado.

O parasitismo mental precisava ser combatido com ocupações. Assim nasceu o *método moral* de tratamento das doenças mentais, o qual, além da ocupação, também se valia de intervenções indulgentes, estratagemas teatrais ou fraudes piedosas. Tudo isso tinha por objetivo, no caso da depressão, demover a ideia fixa melancólica.[13]

Mas havia o outro lado do tratamento moral, reservado ao paciente que resistia à cura. Nesse caso, empregavam-se meios mais drásticos e coercitivos, como as cadeiras giratórias, a aplicação de substâncias que causavam dor e as duchas frias.[14]

Tais recursos agressivos tinham a intenção de quebrar as defesas do paciente e atingir-lhe a consciência. A fim de combater a ruminação melancólica, um mal era propositalmente provocado pelo médico. Esperava-se que o paciente renunciasse, à força, a seu comportamento insensato. Tentava-se de tudo!

Essa última concepção não se limita a um período remoto da história. Resquícios dessa forma de pensar e de agir perduram na mente de muitas pessoas. Elas acreditam que só os esforços morais do doente serão capazes de vencer a depressão. É o que se ilustra nos Capítulos 18, 22 e 27.

---

12. Starobinski, 2016.
13. Stone, 1999.
14. Starobinski, 2016.

41

Em busca de um sinal

A linguagem corporal é muito importante dentro da semiologia, ou semiótica, médica. A palavra *semiologia* vem do grego (*semeion*: signo, sinal). Em medicina, a semiologia é o campo de estudo dos sinais e sintomas das doenças. É uma disciplina aguardada com expectativa pelos estudantes, pois marca o esperado início do contato clínico com os doentes.

Sintomas são o que o paciente relata, do que ele se queixa, e sinais, o que nele detectamos por meio de um exame físico e mental. Além de se preocupar com a postura respeitosa do médico diante do paciente, a semiologia médica se ocupa da organização dos sintomas e sinais em uma grande síndrome que, por sua vez, norteia o raciocínio do clínico em direção às doenças nelas incluídas, rumo à formulação de uma *hipótese diagnóstica* e, também importante, de *diagnósticos diferenciais*.

Síndrome (do grego *sin*, com, e *dromos*, curso) é uma associação de sinais e de sintomas que conformam um quadro clínico característico, mas que pode ter causas e mecanismos fisiopatológicos distintos. Por exemplo, uma síndrome ictérica, caracterizada pela coloração fortemente amarelada da pele (um sinal), desencadeia no médico um raciocínio que o leva a investigar a presença de certas doenças do sangue, ou do fígado, que provocam icterícia.

Já na sala de espera do consultório, pode ocorrer de, a partir dos sinais corporais identificados em uma pessoa, um médico experiente intuir o problema que a aflige. A posição corporal, a expressão facial, o gestual, um tique nervoso, a maneira de interagir com o acompanhante e de responder ao cumprimento, o andar até o consultório... O cuidado com a aparência pessoal, o asseio e a maneira de se trajar, tudo isso diz muito sobre a pessoa.

O médico interessado em comportamento humano vai ficando cada vez mais sensível a essas pistas não verbais trazidas pelo paciente. Elas costumam desencadear várias hipóteses na mente do profissional, hipóteses que orientarão linhas de raciocínio a serem exploradas durante a avaliação clínica.

Com o amadurecimento profissional, o médico vai discriminando e refletindo sobre suas próprias reações diante de determinados estímulos trazidos à consulta pelos seus pacientes. Assim, será possível ponderar seu julgamento, ao mesmo tempo que continuará a desenvolver sua *intuição clínica*.

Médicos, cientistas e artistas sempre se empenharam em registrar os sinais que caracterizam o homem melancólico. Produziram-se descrições médicas minuciosas, com uma profusão de neologismos e de teorias explicativas. Era uma maneira de compensar a ausência de um conhecimento inequívoco sobre a etiologia da melancolia. O resultado de tanta criatividade foi uma babel de ideias que não conseguiam conversar entre si.

Dos artistas, vieram as gravuras e as pinturas clássicas do *homo melancholicus*: expressão de tristeza, olhar distante, cabeça inclinada para baixo, apoiada no braço. São famosos o desenho de Albrecht Dürer, de 1514, intitulado *Melancolia I* (Figura A), e o *Retrato do dr. Gachet*, de 1890 (Figura B), pintado por um Vincent Van Gogh deprimido, que via seu médico com "a expressão consternada" e "igualmente desanimado em sua profissão", como ele, Van Gogh, em sua vida de pintor.[15]

FIGURA A: *Melancolia I*, de Albrecht Dürer.

FIGURA B: *Retrato do dr. Gachet*, de Van Gogh.

Para Charles Darwin (1809-1882), a postura corporal e as expressões faciais são um ganho evolutivo que se associa a maior chance de sobrevivência. Ao discriminar essas expressões não verbais, conseguimos diferenciar estranhos amistosos de hostis, por exemplo. Já a demonstração de tristeza transmite aos que estão próximos uma mensagem de que não estamos bem, que precisamos de compaixão e de ajuda.[*]

Certos músculos associados à expressão de dor poderiam ser chamados de "os músculos do sofrimento". Segundo Darwin, as rugas

---

15. Van Gogh, 2007.
*. A contribuição de Darwin à psicopatologia não se encontra em sua obra mais famosa, *A origem das espécies por seleção natural*, de 1895, mas em outro livro, *A expressão das emoções no homem e nos animais*, publicado anteriormente, em 1872 (Shorter, 2009).

peculiarmente formadas na testa de quem está sofrendo são muito diferentes das de uma frustração simples.[16] Trata-se, nesse caso, do enrugamento da pele acima do nariz e entre as sobrancelhas que se assemelham à letra grega ômega (Ω). Posteriormente, essa característica, que pode ser encontrada em vários pacientes deprimidos, foi chamada de sinal do *omega melancholicum*.

Em muitos casos de depressão, a hipotonia muscular faz desabar a face, ou todo o corpo. O tronco e a cabeça se inclinam para baixo. A expressão do rosto pode denotar profunda tristeza ou aflição. A mímica facial e o gestual mudam, lentificando-se ou se apagando. O olhar é fixo, inquieto ou distante, geralmente dirigido para baixo ou para o lado.

Às vezes, pode ocorrer de a musculatura facial retesada deixar a expressão mais "congelada" do que triste, ou mesmo consternada – a pessoa parece brava. A pele empalidece, parece que grudou nos ossos das maçãs do rosto, e os lábios permanecem comprimidos. A pessoa fica com o "rosto lambido".

No deprimido, a mímica gestual praticamente desaparece. Não há o movimento natural dos braços ao andar; eles permanecem gruda-dos ao corpo. Há uma lentificação psicomotora, como se diz. Em raros casos, a intensa inibição motora causa um estado de paralisia chamado de *estupor depressivo*. O paciente fica imóvel, sem piscar, interagir ou se alimentar.

São alguns dos sinais corporais que podem ser vistos em algumas pessoas deprimidas, mas não em todas. Infelizmente, não contamos com um sinal que nos permita reconhecer e, com alto grau de certeza, afirmar: é *depressão*! Em medicina, quando temos esse sinal tão discriminador, ele é chamado de *sinal patognomônico*.*

---

16. Darwin, 2009.

*. Exemplos clássicos de sinais patognomônicos são a exoftalmia bilateral (protrusão dos globos oculares), que indica a doença de Basedow-Graves (um tipo de hipertireoidismo) e os anéis de Kayser-Fleischer. Esses últimos, quando encontrados na íris, praticamente firmam o diagnóstico de Doença de Wilson (também denominada degeneração hepatolenticular, uma doença genética associada ao acúmulo tóxico de cobre, sobretudo no cérebro e no fígado) (Kumar et al., 2015).

Na primeira metade do século XX, foi descrita uma característica facial que por pouco não se tornou o sinal patognomônico da depressão: o sinal de Veraguth.* Sobretudo em pacientes gravemente deprimidos – referimo-nos à *forma melancólica* da depressão –, pode-se notar uma dobra cutânea da pálpebra superior, no limite de seu terço interno, puxada para o alto e para o fundo dos olhos, o que faz com que a forma de arco se torne um ângulo.[17]

Hoje sabemos que o sinal de Veraguth não aparece em todas as formas da depressão, nem em todos os deprimidos. Característica palpebral semelhante pode ser encontrada em idosos que não estão deprimidos. Ademais, o sinal é raramente observado em adolescentes e adultos jovens.

Como não contamos com um sinal patognomônico da depressão, nem com exames laboratoriais que possam indicar ou comprovar a presença da doença, temos que considerar o conjunto de sinais e sintomas, sua persistência e sua duração ao longo do tempo e o impacto causado na rotina de vida de uma pessoa. Também nos inteiramos da história de vida dessa pessoa, com seus acontecimentos marcantes, bem como o antecedente de doenças em si e em seus familiares.

No próximo capítulo, veremos como esse conjunto de informações foi organizado para se estabelecer, oficialmente, o que se entende por *major depression*.

---

*. Otto Veraguth (1870-1944) foi um neurologista suíço. Como curiosidade, acrescentamos que foi ele quem descreveu o reflexo psicogalvânico, relacionado à condutância elétrica da pele e que, mais tarde, embasou a construção de dispositivos detectores de mentira. A condutância da pele aumenta quando o sujeito mente.

17. Greden et al., 1985.

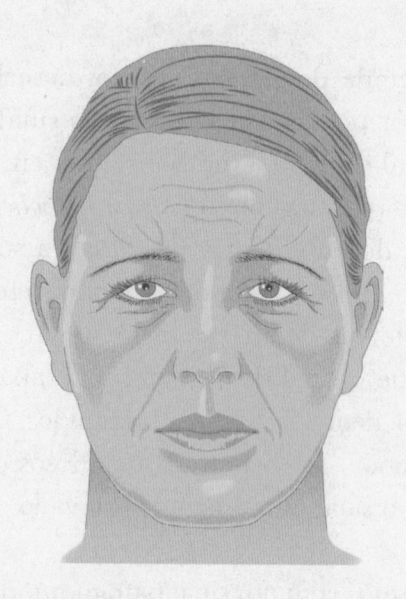

Fonte: Adaptada de Greden et al., *Am J Psychiatry*, 1985.

Pálpebra normal   Pálpebra na depressão

Fonte: Adaptada de Notes on the Art of Analytical Deduction. Disponível em: http://analyticaldeduction.tumblr.com/post/99907195781/veraguths-fold.

42

Major depression: ser criterioso é preciso

Em *A anatomia da melancolia*, Robert Burton afirma que a Torre de Babel não vira tanta confusão de linguagem como no caos de sinais e sintomas atribuídos à melancolia – hoje, depressão.[18]

A partir de critérios de diagnósticos adotados internacionalmente, a babel das denominações e dos diagnósticos psiquiátricos pode ter diminuído. No entanto, tomou força a discussão sobre a validade e as consequências práticas desses diagnósticos. É o que abordamos neste e no próximo capítulo.

Na década de 1960, a psiquiatria se encontrava estagnada. Suas teorias sobre a origem e o tratamento das doenças mentais não eram acompanhadas de comprovação empírica e oscilavam entre as concepções psicodinâmicas, iniciadas com Sigmund Freud, e seu oposto intelectual – as concepções biológicas. A psiquiatria era uma especialidade médica que estava científica e geograficamente distante do restante da medicina.[19]

---
18. Burton, 2011.
19. Lieberman, 2016.

O embasamento científico predominante era o psicanalítico. A explicação para todas as doenças mentais se assentava em supostos conflitos inconscientes. Prescindia-se do cérebro, dos laboratórios e da experimentação científica. O importante era a busca por conflitos psíquicos ocultos e bloqueados à consciência. Eles seriam os agentes etiológicos não só dos comportamentos patológicos, como também de uma série de doenças somáticas, incluindo-se, por exemplo, a úlcera péptica e o câncer.[20]

A década de 1960 também testemunhava uma dicotomia na oferta de tratamentos psiquiátricos. Um contínuo fluxo de pessoas que sofriam de "neuroses", pertencentes à classe média, circulava pelos consultórios dos psicanalistas, enquanto os doentes mentais mais graves – "psicóticos" – e mais pobres abarrotavam as instituições de internação psiquiátrica. As ideias psicanalíticas apenas resvalaram nessa parcela desafortunada da população, que era mantida afastada do convívio social e de uma medicina científica.[21]

O movimento da antipsiquiatria chegou a afirmar que as doenças mentais não eram verdadeiras patologias, e sim decorrência da desadaptação social à ordem capitalista. Pessoas à margem do processo produtivo seriam rotuladas e marginalizadas como doentes mentais. No esteio dessas ideias, os psiquiatras passaram a ser vistos, no mínimo, com suspeita. Seriam servidores do capital, visavam a um ordenamento e a um controle que atendia à produção e ao lucro.[22]

Os psiquiatras, por sua vez, embebidos que estavam nas próprias ideologias, não se entendiam quando faziam seus diagnósticos. Estavam submissos a distintos credos sobre a natureza dos transtornos mentais. Cada escola de pensamento elaborava sua própria classificação de doenças mentais e adotava modismos terapêuticos.

A situação ficou crítica, sobretudo na América do Norte. Influenciado pela psicanálise, o psiquiatra norte-americano dava pouca

---

20. Ghaemi, 2013.
21. Lieberman, 2016.
22. Laing, 1960.

importância a um diagnóstico formal, o contrário do que já estava ocorrendo na Europa.*

A psiquiatria teria que reagir. Era preciso dar legitimidade a essa especialidade que havia se colocado à margem da medicina. Os diagnósticos psiquiátricos não poderiam mais ser frutos de inferência teórica ou de especulação.

Em 1980, a publicação da terceira edição do *Diagnostic and Statistical Manual* (DSM-III), da Associação Psiquiátrica Norte-Americana, foi um importante passo para ordenar a formulação do diagnóstico de doenças mentais.[23]

As profundas modificações introduzidas no DSM-III evitavam a tradicional arena de debates ao longo dos séculos – qual a causa da doença mental? A elucubração sobre a etiologia seria substituída pelo preenchimento de "critérios objetivos", derivados da observação clínica.

Inicialmente, o impacto do DSM-III foi maior nas áreas forense e de pesquisa, mas, em pouco tempo, os transtornos ali catalogados pela primeira vez, como o autismo, o transtorno de pânico, a anorexia, a bulimia e o transtorno do estresse pós-traumático, passaram a ser conhecidos e reconhecidos por médicos e por pessoas leigas.

A clássica diferenciação entre depressão neurótica – uma concepção da psicanálise – e depressão endógena – influência da psiquiatria biológica – foi abolida, e o DSM-III criou um termo único, *major depression*, para a depressão grave, assumido como um vocábulo "neutro", ou seja, sem ligação histórica com as correntes ideológicas tradicionais.

A existência de uma depressão menos grave, porém crônica, foi igualmente reconhecida pelo DSM-III e denominada *transtorno distímico*,

---

*. A partir do final do século XIX, a Europa adotou outro importante referencial teórico, que se sobrepôs ao da psicanálise e orientou a classificação das doenças mentais e a prática psiquiátrica. Um psiquiatra alemão, Emil Kraepelin, desenvolveu um sistema de classificação dos transtornos mentais cuidadosamente baseado na descrição e na evolução dos sintomas, com menor importância para uma teoria explicativa da doença (Lieberman, 2016).

23. APA, 1980.

ou *transtorno depressivo persistente*. Uma série de características clínicas e genéticas, bem como a boa resposta ao tratamento com antidepressivos afiançava a novidade da *distimia*.*

Na quinta edição do DSM (DSM-5), de 2013, o diagnóstico de *major depression* é feito segundo critérios padronizados e adotados internacionalmente. Tais critérios definem um quadro clínico de gravidade de moderada a alta – casos leves não são incluídos.**,[24] No quadro a seguir encontram-se tais critérios, acompanhados das respectivas perguntas que geralmente são formuladas por profissionais de saúde.

Critérios diagnósticos do DSM-5 para transtorno depressivo maior e algumas perguntas exploratórias por nós sugeridas	
• Presença de cinco ou mais dos seguintes sintomas de forma intensa e duradoura por, no mínimo, duas semanas.	
• Pelo menos um desses sintomas é humor deprimido ou perda de interesse/prazer.	
Sintomas	**Perguntas exploratórias**
Humor deprimido	• Você se sente mais triste do que de costume?
	• Tem a sensação de que a vida perdeu o sentido, o colorido?
	• Acha graça nas coisas, consegue sorrir se lhe contam algo engraçado?
	• Está mais emotivo?
	• Tem chorado mais, ou sentido como se fosse chorar?
	• Alguma pessoa próxima comentou que você está diferente?
	• Você se sente mais irritado, com o pavio curto?

---

*. Abordamos a distimia nos Capítulos 11 e 26.

**. A Classificação Internacional de Doenças (CID) da Organização Mundial da Saúde, adotada pelo Brasil, também é usada para nortear o diagnóstico psiquiátrico. A partir de sua décima edição (CID-10), os critérios diagnósticos para transtornos mentais se aproximaram dos adotados pelo DSM. Em vez de *major depression*, a CID emprega uma expressão que foi traduzida para o português como *episódio depressivo* (OMS, 1993).

24. APA, 2014.

Anedonia (diminuição do interesse ou do prazer em atividades antes prazerosas)	• O que você costuma fazer com prazer quando tem um tempo para você? • Poderia dar exemplos de coisas de que sempre gostou? • Tem feito isso ultimamente e sente o mesmo prazer de antes? • Você se anima com as coisas boas que estão por acontecer? • Tem gostado de sair, ver TV, ler, ouvir música...? • Tem se interessado pelas coisas que estão acontecendo? • Tem se encontrado com pessoas de quem gosta? • Acha graça nas conversas? • Tem reparado mudanças no interesse sexual?
Diminuição ou aumento de peso/apetite	• Essa alteração (perda/ganho) de peso é comum, ou você nunca esteve com o peso atual?
Insônia ou hipersonia	• Você tem acordado mais cedo do que de costume e não consegue mais pegar no sono?
Retardo psicomotor ou agitação	• Você se sente mais lento? É difícil até para se movimentar? • Sente o corpo pesado? • Está inquieto? Deixou de assistir a um filme inteiro ou a um jogo de futebol, pois não consegue permanecer sentado (e atento)?
Fadiga ou perda da energia	• Está mais difícil fazer as coisas que fazia antes? Se sim, cite um exemplo. • Sente que lhe falta energia para fazer as coisas que sempre o animaram?
Sentimentos de inutilidade ou culpa	• Você se sente uma pessoa útil (no trabalho, para alguém...)? • Tem pensado muito em erros que cometeu? • Tem ideias negativas que não lhe saem da cabeça?
Dificuldade para pensar, concentrar-se, tomar decisões	• Está mais difícil para pensar, concentrar-se...? • Sente-se seguro quando tem de decidir algo? • Tem conseguido tomar decisões?

Pensamentos de morte, incluindo ideação suicida	• Pensa que seria melhor estar morto? • Pensa em tirar a própria vida? • O que esse pensamento provoca em você (mal-estar, indiferença, alívio)? • São pensamentos passageiros ou duradouros? • Você consegue afastar esses pensamentos de suicídio? • Tem planejado como poderia se matar?

- Os sintomas causam sofrimento e dificuldades significativas em várias áreas da vida: interpessoal, social, profissional ou outras.
- O quadro clínico não é atribuível a efeitos de substâncias ou de outra doença não psiquiátrica.
- O quadro clínico não é mais bem explicado pela presença de certos transtornos psicóticos.

Observação: Tais sintomas compõem o critério diagnóstico do DSM-5. Além desses, outros costumam estar presentes: irritabilidade, intolerância, aumento da emotividade, ruminações excessivas, sensação de inadequação, choro fácil, explosões de raiva, sensação de vazio, diminuição da libido, falta de iniciativa, ruminação de pensamentos negativos, pessimismo, diminuição de cuidados com a higiene e a aparência física, retração social, desesperança, ritmo circadiano com piora dos sintomas no período da manhã, dores corporais difusas.

Fonte: Baseado em American Psychiatric Association (APA, 2014).

A "solução" apresentada pelo DSM-5 para definir depressão lhe parece um tanto superficial e exageradamente esquemática? Concordo, ela é mesmo. Os critérios diagnósticos para *major depression* são uma simplificação. Restritivos em um sentido; amplos demais em outro.

São restritivos, pois não incluem vários sintomas que são frequentes nos quadros depressivos graves, como a sensação de despersonalização e de desrealização (estranheza de si e do ambiente, respectivamente), a maior variedade de pensamentos negativos (não só os de culpa e inutilidade), perda de iniciativa e de vontade, incapacidade para o trabalho, fala lenta e hesitante, angústia, sintomas digestivos, mudanças características na expressão corporal e no ritmo circadiano.

São restritivos, também, se considerarmos que a depressão tem várias faces. Em idosos, por exemplo, a doença se insinua com mais sintomas somáticos, como dores e alterações do apetite e da digestão, e menos sintomas psíquicos, como tristeza e ideação depressiva. Apesar disso, os critérios diagnósticos do DSM-5 para depressão no idoso são os mesmos, sem nenhuma adaptação.

Quando entrevistas psiquiátricas padronizadas, criadas no Ocidente segundo os critérios operacionais do DSM-5, são aplicadas em diferentes culturas, observa-se, por exemplo, que apenas 1% da população de Taiwan ou do Irã já sofreu um episódio depressivo (*major depression*), contra, aproximadamente, 10% dos canadenses e 17% dos brasileiros.[25] Como explicar essa diferença?

Entre vários fatores que contribuem para essa disparidade, está o fato de o DSM-5 não dar conta da variabilidade com que os transtornos depressivos se apresentam entre os indivíduos de diferentes culturas. Em povos orientais, por exemplo, a depressão se expressa mais por sintomas de fraqueza corporal, fadiga, dor nas costas e outras queixas corporais, do que por tristeza e outros sintomas do campo psíquico. No registro diagnóstico são mais aceitas as expressões que se aproximam antes de uma ideia de "neurastenia" do que de "depressão".

Por outro lado, os critérios do DSM-5 são amplos demais. Pense, por exemplo, em uma pessoa entristecida devido à perda recente de um ente querido. Ela até poderá preencher os critérios diagnósticos para depressão. Mas estará mesmo sofrendo de uma doença? Não! Só porque um paciente alcança os critérios de *major depression* ele deveria ser medicado ou automaticamente incluído em um ensaio clínico de antidepressivos? Também não!

Organizado como está, o DSM deve ter seu escopo bem delimitado: ele reúne um grupo de indivíduos que têm em comum um conjunto de características associadas a um construto de transtorno mental. Ao

---

25. Ghaemi, 2013.

reunir conceitos e ferramentas diagnósticas, o DSM tem um caráter utilitário.[26] Isso permite, por exemplo, a escolha de um plano terapêutico, a rápida troca de informações entre profissionais, bem como definir um perfil de pacientes a serem incluídos em uma pesquisa clínica.[27]

Na realidade, as categorias do DSM não são naturais, nem se delimitam muito bem entre si, o que pode implicar problemas. A "uniformização" do diagnóstico de *major depression*, por ser muito abarcante, passou a incluir milhões de pessoas que se tornaram um alvo atraente para a indústria farmacêutica.[28]

O caráter superficial e esquemático do DSM não permite examinar sutilezas das manifestações psicopatológicas, de como um fenômeno de fato se manifesta, distanciando-nos da observação de nuances da realidade e do significado que a vivência depressiva tem para o sujeito:

> "Sinto que estou no trem errado, não vejo mais graça nas coisas. Tudo me apavora, transformo problema em catástrofe e estou sempre esperando algo ruim acontecer. O amanhã é como se fosse o último dia de minha vida. Penso no que estou fazendo aqui, que poderia ter ido no lugar da minha esposa. Desde que ela se foi, muita coisa morreu dentro de mim. Até fazer barba, cortar unha, coisas assim banais, são um sacrifício, um peso. Sinto cansaço até pra arrumar a cama. Me sinto um morto-vivo. Não consigo pensar em coisas boas. Só me culpo, carrego muitas mágoas, não consigo me desvencilhar do passado. Meu altruísmo – evitar sofrimento dos outros – é que não deixa eu me matar!"

Na prática clínica, o que procuramos observar e compreender é mais variável, profundo e singular do que o DSM esquematiza. É preciso ser criterioso com o DSM e sua *major depression*.

---

26. Jablensky, 2016.
27. Francis, 2015.
28. Khan e Brown, 2015.

43

TPM, depressão e a coisa em si

"Doutor, preciso de ajuda! Estou machucando as pessoas, machucando muito! Semana passada, meu diretor veio conversar comigo. Não vão me promover! Reconhecem meu trabalho, mas não vão me dar o cargo de gerente, pois meu relacionamento com a equipe é instável e impulsivo. É isso aí, instável e impulsivo. E faço as pessoas chorar, ele também me disse isso. Me sinto injustiçada, porque não é o tempo todo assim; é só na minha TPM.

Todo mês é a mesma coisa, aqueles dias em que parece que tô puxando corrente. Fico pra baixo e sem energia. Nada parece fazer sentido. Se tento viver, piora. Ao mesmo tempo, viro um bicho por qualquer coisinha! Não tolero ver coisa que não funciona, gente songamonga por perto. Tudo me irrita, perco o controle. Vontade de bater nas pessoas, destruir tudo em minha frente. Na verdade, nesses dias eu não quero ver ninguém! Aí tenho que reconhecer que meu chefe agiu certo. Não posso mesmo gerenciar nada nem ninguém! Eu mesma não me gerencio!

Estou sentindo medo do meu poder de destruição, vou acabar matando alguém ou me matando. Ontem taquei um cinzeiro na testa do meu marido. Tô na TPM, lógico! Discussão boba, coitado. Aquele fuzuê. A louca da casa, as crianças vendo e chorando, todo mundo pro pronto-socorro, banco do carro ensanguentado, mais discussão no caminho do hospital. Ele precisou levar seis pontos. Ainda vão mandar me prender. Prisão cautelar uma vez por mês, toda TPM..."

Ao definir o que se entende por tensão pré-menstrual (TPM), o American College of Obstetricians and Gynecologists listou dez sintomas nos campos mental, comportamental e corporal de um quadro clínico que acomete entre 20% e 50% das mulheres durante a semana que antecede a menstruação: ansiedade, depressão, confusão, crises de raiva, retraimento social, inchaço abdominal, dor nas mamas, cefaleia, dores osteomusculares, ganho de peso.[29]

O relato clínico que abre este capítulo, no entanto, não parece envolver algo mais grave do que a usual TPM? Os problemas ganharam uma dimensão maior do que o observado na maioria das mulheres. Seria possível, entre as mulheres que sofrem de TPM, discriminar um quadro clínico que vai além da barreira do normal e passa ser considerado doentio? Ou seja, poderíamos identificar um quadro clínico que configure o que se concebe como um transtorno?

UM TRANSTORNO...

O uso do vocábulo *transtorno*, tradução de *disorder*, vem sendo amplamente empregado desde a terceira edição do *Diagnostic and Statistical Manual* (DSM-III), publicada em 1980. Foi uma opção estratégica que visou contornar os embates em relação à definição do que é doença mental

---

29. Acog, 2014.

e do que pode, ou não, ser considerado normal no campo psíquico e comportamental.

A noção de *transtorno* compreende um conjunto de sintomas persistentes por um período mínimo de tempo, com evolução e resposta ao medicamento características. Os sintomas causam sofrimento acentuado ao indivíduo ou prejudicam sua adaptação social. A partir de um quadro clínico prototípico, definem-se os critérios a serem utilizados na formulação de um diagnóstico formal.

Frutos de uma escolha deliberada, os critérios diagnósticos podem variar e sofrer a influência de diversos fatores, desde os pessoais e circunstanciais até os socioculturais e econômicos.

É inegável a interferência da subjetividade e do julgamento arbitrário ao se especificar um limiar a partir do qual um quadro clínico irá se transformar em um transtorno.

Fonte: Baseado em APA, 1980.

Em 2013, a quinta edição do *Diagnostic and Statistical Manual* (DSM-5), da American Psychiatric Association, dedicou-se a fazer tal discriminação: em um subgrupo de mulheres que sofrem de TPM, os sintomas mentais e comportamentais que antecedem a menstruação são tão acentuados que o fenômeno deixa de ser considerado normal e passa a ser um transtorno, o *transtorno disfórico pré-menstrual* (TDPM).[30]

Os critérios que definem o TDPM são mais exigentes e incluem sintomas que são, sobretudo, de natureza psíquica. Veja no quadro a seguir:

---

30. Epperson et al., 2012; APA, 2014.

Critérios diagnósticos para transtorno disfórico pré-menstrual

Na maioria dos ciclos menstruais ao longo de um ano, durante a semana que antecede o início da menstruação, instala-se um padrão característico de sintomas que causam sofrimento significativo, ou interferem na execução das atividades habituais, ou prejudicam o relacionamento com outras pessoas. Tipicamente, os sintomas melhoram assim que a menstruação se inicia.

Pelo menos um dos seguintes quatro grupos de sintomas deve estar presente:

- Labilidade afetiva acentuada (por exemplo, mudanças súbitas de humor, tristeza ou choro repentinos, ou sensibilidade aumentada à rejeição).
- Irritabilidade ou raiva acentuadas, ou aumento nos conflitos interpessoais.
- Humor acentuadamente deprimido, falta de esperança ou pensamentos autodepreciativos.
- Ansiedade acentuada, tensão ou sentimento de estar no limite.

Além de pelo menos um desses sintomas, um ou mais dos seguintes sintomas devem estar presentes para se atingir um total de cinco sintomas:

- Interesse diminuído pelas atividades habituais.
- Dificuldade para se concentrar.
- Letargia, fadiga fácil ou acentuada falta de energia.
- Alteração acentuada do apetite.
- Excesso de sono ou insônia.

- Sentir-se sobrecarregada ou falta de controle.
- Sintomas físicos, como inchaço nas mamas, dor nos músculos ou articulações.
- Sensação de inchaço ou ganho de peso.

O padrão cíclico dos sintomas deve estar presente durante pelo menos dois ciclos menstruais e registrados diária e prospectivamente.

Fonte: Baseado em APA, 2014.

O DSM-5 considera o TDPM como uma nova categoria diagnóstica do grupo dos transtornos depressivos. A depressão associada ao TDPM tipicamente envolve mais irritabilidade e mudanças súbitas de humor, além dos característicos sintomas corporais e da duração restrita ao período que antecede as menstruações.*

Em síntese, embora os sintomas da TPM e do TDPM sejam semelhantes, o TDPM pode ser concebido como uma forma grave de TPM, cujo diagnóstico exige:

- Um padrão cíclico que se repete (início uma semana antes da menstruação; término com a chegada da menstruação).
- Um conjunto de sintomas, dentre os quais pelo menos um deve ser afetivo (irritabilidade, labilidade do humor, humor deprimido ou ansiedade).
- Um impacto na qualidade de vida, afetando a sensação de bem-estar, o desempenho de tarefas e o relacionamento com outras pessoas.

---

*. Na prática clínica, é fundamental diferenciar o TDPM de outras condições psiquiátricas que cursam com flutuações do humor que se agravam no período pré-menstrual, como é o caso da depressão, da ansiedade e do transtorno afetivo bipolar.

Baseando-se nos critérios do DSM-5, estudos populacionais identificaram que de 2% a 5% das mulheres sofrem de TDPM, tanto nas Américas quanto na Europa e na Ásia. O que varia entre as culturas é a expressividade dos sintomas, bem como a decisão de buscar tratamento médico.[31]

Se aceitarmos a definição e os números dos estudos populacionais relativos ao TDPM, a pergunta seguinte será: há uma consequência prática nisso? Podemos dizer que sim, que há pelo menos duas:

- Houve um incremento no número de pesquisas sobre a influência das flutuações cíclicas dos hormonais sexuais nas alterações patológicas do humor.
- Buscaram-se, por meio de ensaios clínicos controlados, tratamentos que pudessem mitigar os sintomas da TPM e do TDPM.*

O nascimento e batismo do TDPM ilustram bem o poder do sistema DSM de fomentar tendências e de reconfigurar a prática da psiquiatria.

Poderíamos, então, afirmar que, graças ao DSM, a confusão das denominações das doenças mentais deixou de existir? O que se ganhou e o que se perdeu com a construção desse sistema de classificação?

Podemos dizer que os critérios operacionais do DSM organizaram a babel do diagnóstico psiquiátrico, sujeito, até então, às idiossincrasias de diferentes escolas e classificações que não se comunicavam entre si. O preenchimento de um conjunto de critérios permitiu

---

31. APA, 2014.
*. O tratamento do TDMP visa alterar a neurotransmissão em circuitos que controlam o humor. Para tanto, são usados antidepressivos que inibem seletivamente a receptação de serotonina (ISRS), de modo contínuo ou por período restrito à semana que antecede a menstruação. Outra opção de tratamento é eliminar as flutuações hormonais por meio de contraceptivos orais. Ambos os tratamentos, ISRS e anovulatórios, são aprovados pela Food and Drug Administration (FDA) (Acog, 2014; Ismaili et al., 2016).

homogeneizar, com certa dose de confiança, grupos de pacientes alocados para participar em estudos científicos, no Oriente ou no Ocidente, no hemisfério norte ou no hemisfério sul. Temos essa *confiabilidade*, como se diz em ciência.

O que se discute, agora, é a *validade* dos diagnósticos codificados no DSM, juntamente com os vieses subjacentes à sua elaboração e as implicações do DSM na formação e na prática psiquiátricas.[*]

O DSM deu ensejo à transformação de indicadores de doença na doença em si. Mas o que isso quer dizer? Como indicadores de alguma coisa poderiam ser transformados na coisa em si, com ela se confundindo? Vamos explicar esse fenômeno por meio de um paralelismo entre dois construtos da medicina, o DSM e o índice de Apgar.[**]

> ## O SIGNIFICADO DO ÍNDICE DE APGAR
>
> Em 1953, a pediatra Virgínia Apgar propôs uma forma simples, rápida e confiável de avaliar, ainda na sala de parto, a vitalidade do recém-nascido.
>
> O índice de Apgar compreende cinco sinais objetivos do bebê, que são avaliados ao final do primeiro e do quinto minuto após o parto: frequência cardíaca, esforço respiratório, irritabilidade reflexa, tônus muscular e coloração da pele. Atribui-se a cada item uma pontuação de 0 a 2.
>
> A maioria dos recém-nascidos recebe uma "nota" entre 7 e 10, o que sugere que, provavelmente, não haverá necessidade de um tratamento imediato, por exemplo, auxílio respiratório.

---

[*] O DSM acabou se transformando na "bíblia" da psiquiatria. Não era para ser assim: ele foi concebido para ser um catálogo de diagnósticos, não um livro-texto. O DSM não deve ser confundido com uma psicopatologia, que é a disciplina que se ocupa da descrição e da compreensão dos sinais e sintomas que acompanham os distúrbios mentais.

[**] A analogia foi feita por Kenneth S. Kendler, eminente psiquiatra contemporâneo, reconhecido por suas pesquisas nas áreas de genética, esquizofrenia e depressão. Kendler também participou do grupo de trabalho do DSM-5 (Kendler, 2016).

> Pontuação na faixa superior indica alta chance de sobrevivência e – de novo provavelmente! – baixo risco de que a criança venha a apresentar déficit intelectual.
>
> Uma baixa pontuação põe o médico em alerta: algo anormal se passa com o bebê. Exames aprofundados e procedimentos poderão ser necessários.
>
> Isso ilustra a utilidade do índice de Apgar, que é um excelente indicador, mas não a coisa em si, que é a saúde do bebê. Dito de outra maneira, a saúde do bebê não pode ser reduzida ao índice de Apgar.

Fonte: Kendler, 2016.

De modo similar, o que se concebe como uma entidade clínica que chamamos de *depressão* não pode ser reduzido ao que diz o DSM-5. Os critérios para *major depression*, por exemplo, examinados no capítulo anterior, permitem um balizamento, mas não são a última palavra sobre quem está ou não deprimido, ou sobre quem deve iniciar tal ou qual tratamento.

Os atuais critérios do DSM para *major depression* são apenas indicadores diagnósticos e não devem ser transformados na coisa em si: uma entidade clínica chamada depressão. Isso porque alguns indivíduos que sofrem de depressão poderão não preencher os critérios diagnósticos do DSM. Outros que preencherem talvez estejam muito tristes, mas não deprimidos.[32]

A falta de validade dos diagnósticos psiquiátricos estaria retardando o desenvolvimento científico, por exemplo, a descoberta de marcadores psicobiológicos capazes de abrir portas para novas estratégias de tratamento. Assim se posicionou o National Institute of Mental Health (**NIMH**) dos Estados Unidos, uma instituição detentora de poderosas

---

32. Kendler, 2016.

verbas para a pesquisa científica, logo após a publicação da última edição do DSM-5.[33]

Em outras palavras, a pesquisa em psiquiatria e neurociência não mais deveria partir de subgrupos definidos segundo o DSM. O que o NIMH propõe é uma "desconstrução" das categorias diagnósticas do DSM e uma procura por dimensões transdiagnósticas, biologicamente embasadas.

A psiquiatria do século XXI continua a procurar resultados de pesquisas que possam explicar as manifestações patológicas da mente humana e tratá-las com maior eficiência. A posição "pragmática" do DSM contraposta à visão naturalista do NIMH é apenas mais um capítulo dos embates em torno do que são doenças mentais e como os psiquiatras as classificam.

---

33. Cuthbert, 2014; Clark et al., 2017.

44
Depressão e doenças "físicas"

As aspas do título devem-se ao fato de a depressão *também* ser doença física, uma vez que ela decorre de alterações no funcionamento do cérebro. No dia a dia, no entanto, falamos de doenças físicas, ou somáticas (que afetam o corpo), e de doenças mentais (que afetam a mente), como se corpo e mente não fizessem parte de uma unidade dinâmica.

A noção de mente concebe, em sua essência, a interação entre biologia e biografia. Nessa última há a influência do ambiente, que favorece ou dificulta o desenvolvimento do sujeito e o surgimento das doenças. Ambiente inclui a dinâmica da família, os costumes, a cultura de grupos sociais, os acontecimentos marcantes e as teorias pessoais sobre a existência. No entanto, para compreender a mente, não podemos prescindir da biologia, da herança genética e dos processos neuroquímicos cerebrais.

Feita a ressalva sobre as aspas, este capítulo focaliza a associação da depressão a outras doenças físicas – para simplificar, retiremos as aspas a partir daqui. Essa condição traz alguns desafios para o médico, que precisa:

1. Reconhecer a depressão como algo "a mais", além do quadro clínico de outra doença já existente.
2. Saber como a depressão se relaciona a outras doenças físicas, reconhecendo o potencial destas, bem como o de alguns medicamentos, de causar depressão.
3. Indicar o tratamento adequado, considerando as nuances do quadro clínico, as contraindicações dos antidepressivos, bem como as suas interações com outros medicamentos.

Pode ocorrer de nos concentrarmos na "parte física" dos problemas e não percebermos que há algo mais a incrementar o sofrimento do doente: uma depressão. Ademais, diante de certas condições físicas, podemos tomar os sintomas depressivos como "normais", "compreensíveis" e deixar de fazer o diagnóstico de depressão.

Em parte, a dificuldade de reconhecer a depressão como algo a mais decorre do fato de a doença física original, por si, causar compreensível sofrimento. A dor, a ameaça de morte, a incapacidade funcional, a dependência de cuidados e a necessidade de uma internação hospitalar já são suficientes para gerar desmoralização, que muito se assemelha aos quadros depressivos.[34]

Alguns sintomas que fazem parte da depressão, como insônia, fadiga, diminuição do interesse e perda de peso, são frequentes em pacientes que sofrem de doenças físicas e que *não* se encontram deprimidos. Por outro lado, esses sintomas, ainda que parcialmente ocasionados pela doença física, quando se apresentam, ajudam a corroborar um diagnóstico adicional de depressão:[35]

- Em excesso ao esperado para determinada condição física e seu tratamento.
- Associados a negativismo (ideias de fracasso e de culpa, prejuízo da autoimagem, pessimismo), diminuição do autocuidado, mu-

---
34. Botega et al., 2017.
35. Botega et al., 2017.

danças afetivas (não mais se importar com a melhora, por exemplo) e bloqueio mental (dificuldade para pensar e tomar decisões).

Quando estamos doentes, mas não deprimidos, costumamos nos arrumar um pouco antes de receber uma visita, conseguimos manter a esperança, com planos e interesses para o futuro. Enfim, imaginamos que recobraremos o prazer em trabalhar, comer, ter vida social e amorosa. Isso não se vê em um doente deprimido. Parece complicado? Prefiro pensar em desafios e sutilezas da clínica!

Vamos ver um exemplo: dor persistente anda de mãos dadas com a depressão, uma incrementando a outra, em um círculo vicioso. Alguns sintomas, como baixa energia, insônia, ansiedade e irritabilidade, são frequentes em pacientes com dor e sem depressão, mas não as ideias de culpa, a indiferença ao futuro e o isolamento. Se esses três últimos sintomas, tão característicos da depressão, estiverem junto com os primeiros, é muito provável que um quadro depressivo esteja associado à dor.[36]

Um complicador para o diagnóstico de depressão são as distintas modalidades de associação entre "doenças físicas" e sintomas depressivos. Tentemos esboçá-las, com a ressalva de que o que se segue está longe de uma solução definitiva:[37]

- *Reação de ajustamento com humor depressivo.* Algo desestabiliza o sujeito, e ele reage. As reações de ajustamento ocorrem durante a adaptação a uma nova condição, como doenças ou perdas. Em geral há uma combinação de preocupações excessivas, ansiedade, depressão e insônia. O humor depressivo costuma melhorar com o apoio psicológico e com o passar do tempo. Medicamentos psicotrópicos raramente são necessários.
- *Depressão secundária.* É a que ocorre devido a alterações fisiopatológicas causadas por uma condição clínica. Tomando como

---

36. Furlaneto e Brasil, 2006.
37. Botega et al., 2017.

exemplo o caso de um acidente vascular cerebral (AVC), considera-se *secundária* a depressão provocada pela lesão em circuitos neuronais envolvidos no controle do humor. O hipotireoidismo é outro exemplo de problema clínico que pode causar, secundariamente, uma depressão. A atenção a esse aspecto deve ser redobrada em mulheres a partir da meia-idade.
- *Depressão induzida por medicamentos.* Algumas drogas interferem na neurotransmissão e na fisiologia cerebral, produzindo sintomas depressivos. Exemplos de doenças e medicamentos que podem causar depressão encontram-se no quadro à frente.
- *Episódio depressivo.* Um episódio depressivo pode ser desencadeado ou agravado por uma doença ou condição clínica. Aqui não há uma relação causal direta, como no caso da depressão secundária. O estresse causado pelo adoecimento contribui, de modo inespecífico, para a manifestação do transtorno depressivo preexistente ou latente.
- *Doença ou condição clínica que é desencadeada ou agravada por uma depressão.* A depressão, isolada ou associada a outros fatores de risco, pode precipitar várias doenças, como é o caso da fibromialgia[*] e do infarto agudo do miocárdio.

A depressão é considerada um importante fator de risco para certas doenças cardiovasculares, da mesma forma que a obesidade, o tabagismo e o excesso de colesterol.[**] O risco de ter um novo infarto

---

[*]. O diagnóstico de fibromialgia depende de critérios estabelecidos pela Sociedade Americana de Reumatologia, uma vez que não há exames subsidiários para comprovar a doença. Há dor generalizada por todo o corpo e pontos, em certos locais corporais, que são dolorosos à pressão, fadiga crônica, humor deprimido, rigidez matinal e hipersensibilidade a mudanças de temperatura, entre outros possíveis sintomas (Heymann et al., 2017).

[**]. A American Heart Association recomenda aos cardiologistas a aplicação de questionários de *screening* para detectar depressão em doentes com problemas cardiovasculares (Lichtman et al., 2008).

do miocárdio, por exemplo, é três vezes maior quando a pessoa com doença arterial coronária também sofre de depressão.[38]

Além de seus efeitos fisiopatológicos, a depressão diminui a motivação para o tratamento. Os remédios deixam de ser tomados corretamente e o paciente diminui os cuidados com a dieta e a prática de atividades físicas. São fatores que contribuem para a piora das doenças físicas.

> **DOENÇAS E MEDICAMENTOS QUE PODEM CAUSAR DEPRESSÃO (LISTA PARCIAL)**
>
> *Doenças neurológicas.* Acidente vascular cerebral (AVC), Doença de Parkinson, esclerose múltipla.
>
> *Endocrinopatias.* Hiper e hipotireoidismo, diabetes.
>
> *Neoplasias.* Carcinomas de pâncreas e de pulmão, tumores do sistema nervoso central.
>
> *Outras condições clínicas.* Alcoolismo, anemia, cirurgias, deficiências vitamínicas, doenças autoimunes, dor crônica, infarto agudo do miocárdio, infecções.
>
> *Medicamentos.* Anti-hipertensivos (reserpina, metildopa, propranolol), anti-inflamatórios, benzodiazepinas, contraceptivos orais, corticosteroides, efavirenz, flunarizina, interferon, metoclopramida, vareniclina, vimblastina.

Fonte: Baseado em Botega et al., 2017.

Há mais um complicador para o reconhecimento da depressão que se associa a outras doenças físicas: o modo como os médicos funcionam. Eles tendem a discriminar mais facilmente problemas dos quais dominam o tratamento.

---

38. Frasure-Smith et al., 1993.

Em outras palavras, se um médico não se sentir capacitado para os desafios 2 e 3, expostos no início deste capítulo, ele poderá ter um bloqueio em relação ao desafio 1. Acontece mais ou menos da seguinte maneira: "Não sei como lidar? Então nem me aproximo do problema!".

Não que o médico decida isso; é algo automático e não consciente.[39] Acontece com qualquer um de nós em muitas situações de vida. Por uma ou várias razões, ficamos cegos para um problema que está bem à nossa frente!

---

39. Botega, 2017.

45
Esses remédios não são perigosos?

A principal célula do sistema nervoso é o neurônio. A comunicação de um neurônio com outro neurônio é um processo químico que se dá por meio dos neurotransmissores, pequenas moléculas liberadas no espaço entre essas células (*fenda sináptica*).

Circuitos de neurotransmissão interconectam milhares de neurônios em uma rede capaz de processar informações relativamente simples e produzir respostas complexas, o que constitui a função essencial do cérebro humano.

Os antidepressivos aumentam a disponibilidade de neurotransmissores, sobretudo de serotonina, noradrenalina e dopamina, na fenda sináptica. Drogas que aumentam a ação do glutamato, outro neurotransmissor, também vêm sendo pesquisadas. Por meio dessas mudanças bioquímicas cerebrais, os antidepressivos modulam a comunicação entre os neurônios e agem nos circuitos que controlam o humor.[40]

A maioria dos antidepressivos atua no início do processo de neurotransmissão, especialmente nos receptores de neurotransmissores. Mas é uma enorme simplificação imaginar que o mecanismo de ação dos

---

40. Stahl, 2014.

antidepressivos se resume ao aumento de neurorreceptores. A totalidade dos processos cerebrais que ocorrem em resposta a um antidepressivo ainda não está esclarecida.*

Os antidepressivos são usados desde a década de 1950. Os primeiros dessa classe de medicamentos, os antidepressivos tricíclicos, causavam vários efeitos adversos e eram muito perigosos em casos de ingestão excessiva.

Na década de 1990, a fluoxetina, cuja marca mais famosa é Prozac®, iniciou uma nova geração de antidepressivos, com menos efeitos colaterais e baixa letalidade em caso de *overdose*.

Dados históricos sobre medicamentos antidepressivos

Após anos tateando no escuro, a psiquiatria encontrou um novo paradigma de tratamento na década de 1950: os psicofármacos.

A primeira comunicação científica sobre os efeitos antidepressivos de uma nova droga, a imipramina, não recebeu muita atenção. Pouco tempo depois, a imipramina curou a grave depressão da filha de um poderoso acionista do laboratório farmacêutico Geigy.

O fato influiu na decisão desse laboratório de lançar a imipramina, em 1958, com o nome de Tofranil®. Iniciava-se a comercialização dos antidepressivos tricíclicos, que receberam esse nome por causa de sua estrutura química.

Outro grupo de antidepressivos foi desenvolvido a partir da observação dos efeitos estimulantes de uma droga que era empregada no tratamento da tuberculose, a isoniazida.

---

*. Outros mecanismos de ação têm sido aventados para explicar os efeitos dos antidepressivos, como a capacidade de aumentar o número de sinapses. Esse efeito contribuiria para ajustar os mecanismos de regulação do humor.

Com o mesmo mecanismo de ação dessa droga – inibição da enzima monoamino-oxidase (IMAO) –, o antidepressivo tranilcipromina (Parnate®) chegou ao mercado.

Esses primeiros antidepressivos, tricíclicos e IMAOs, ainda se encontram disponíveis. São menos prescritos nos dias atuais, reservados para casos muito graves que não respondem a antidepressivos mais novos.

Na década de 1950, além da primeira geração de antidepressivos, surgiram os primeiros medicamentos capazes de controlar sintomas psicóticos, como a clorpromazina e o haloperidol. A partir de então, pacientes que eram mantidos internados por longos períodos tiveram alta hospitalar e passaram a viver em comunidade.

Esse feito passou a ser considerado a segunda revolução psiquiátrica (a primeira foi a humanização dos manicômios, promovida por Philippe Pinel, em fins do século XVIII).

A partir de 1990, foram desenvolvidas drogas antidepressivas que aumentam a concentração de serotonina na fenda sináptica, os chamados *inibidores seletivos de recaptação de serotonina* (ISRS, como a fluoxetina), ou a concentração desta e da noradrenalina.

Os ISRS e os ISRNS (inibidores seletivos de recaptação de serotonina e noradrenalina – ISRNS, como a venlafaxina) representaram um avanço em relação à primeira geração de antidepressivos.

Os antidepressivos atualmente disponíveis ainda não conseguem tratar eficazmente todos os casos de depressão. A busca por novas moléculas e por novas formas de tratamento é incessante.

Fontes: Baseado em Ghaemi (2013) e Lieberman (2016).

Uma parte da história dos primeiros antidepressivos se repete nos dias atuais: muitos dos psicofármacos que "descobrimos" são drogas que já vinham sendo utilizadas no tratamento de outras doenças e que mostraram efeitos comportamentais potencialmente úteis no tratamento de transtornos mentais. É o caso, por exemplo, de vários antiepilépticos que passaram a ser empregados como estabilizadores de humor, e da cetamina, originalmente um anestésico.

A falta de marcadores biológicos que possam funcionar como definidores diagnósticos e alvos terapêuticos tem impedido o desenvolvimento de novos medicamentos psiquiátricos. Um processo diametralmente oposto observa-se em outras doenças, como é o caso do diabetes. Novas drogas vêm sendo criadas a partir da descoberta de alvos biológicos implicados na fisiopatologia dessa doença.

Voltemos para a história recente dos antidepressivos. Até 1993, Peter Kramer, um psiquiatra norte-americano, tinha publicações na área de psicoterapia. Nesse ano, veio a público um livro seu que se tornou *best-seller* e fomentou muitos debates: *Listening to Prozac*.[41]

O livro descreve seis casos clínicos de indivíduos que, embora não sofressem de uma grave depressão, apresentavam uma combinação de sintomas e traços de personalidade que compõem o que conhecemos como distimia: mau humor crônico, pessimismo, desânimo, irritabilidade, tendência a críticas ásperas e acessos de raiva.

Após iniciarem tratamento com fluoxetina, essas pessoas se tornaram mais sociáveis, otimistas, com reflexos positivos na vida pessoal e profissional. Os resultados indicavam que a fluoxetina, havia poucos anos em circulação, era capaz de amenizar certos traços de personalidade em pessoas que, por anos, tentavam diminuir sua aflição por meio da psicoterapia.

Kramer defendeu, então, que haveria uma psicofarmacologia reparadora, direcionada para o tratamento de doenças mentais, e uma psicofarmacologia cosmética, que visaria ao bem-estar de pessoas que enfrentam sofrimento, mas não doença mental.

---

41. Kramer, 1993.

De fato, esse é um aspecto interessante do efeito dos antidepressivos serotoninérgicos. Eles parecem modular certos traços de personalidade; para cima (no sentido de propiciar maior motivação, sociabilidade e leveza) ou para baixo (com menos impulsividade e irritabilidade). Essa propriedade passou a justificar o uso de antidepressivos por muitas pessoas que não sofrem, propriamente, de uma depressão grave.

Salvo em raríssimas situações de efeito adverso, os antidepressivos não deixam a pessoa mais ligada, eufórica e descontrolada.* Ao contrário, é comum que esses medicamentos produzam a sensação de estar mais leve, mais zen. Por isso mesmo, alguns antidepressivos são usados no tratamento da ansiedade.

Qual a taxa a ser paga para se obter esse efeito ansiolítico? Além de potenciais efeitos adversos, que serão abordados a seguir, às vezes os ISRS provocam anestesiamento emocional. Veja os relatos destas duas pacientes, uma de 41, outra de 78 anos:

Uma bancária, 41 anos. "Com esse remédio voltei a enxergar a vida, estou com ânimo novamente! Ele também me deu mais clareza e me amansou. Agora consigo pensar em uma coisa de cada vez. No trânsito, então, sou outra pessoa! Estou dirigindo sem querer matar alguém. Se me dão uma fechada, digo: 'Vai com Deus, meu irmão!'. Nem acredito! Mas também me sinto meio letárgica. Acho que esse remédio também me anestesiou. Não sinto nada grande. Um filme triste, por exemplo, não me faz mais chorar. E, se estão morrendo de rir por uma piada, eu penso: *É... engraçadinha!*"

Uma professora aposentada, 78 anos. "O remédio me fez muito bem, fiquei mais ativa, não me sinto mais pra baixo.

---

*. Muito raramente, os antidepressivos podem causar uma elevação exagerada do humor, com comportamento anormal. Outro efeito adverso raro que exige rápidas providências é o surgimento de ideias de suicídio.

Mas, como eu já comentei com o senhor, às vezes sinto uma necessidade de chorar, mas o choro não vem. Parece que, com o antidepressivo, fico sem contato com o que eu deveria. Por exemplo, antes do remédio, quando eu orava, inclinada à mesa, minhas lágrimas caíam sobre o tampo. Eu orava de verdade, com sinceridade, sentindo a coisa. Com o antidepressivo deixei de sentir isso. Nem num velório, na semana passada, consegui chorar! O danado desse comprimido parece que seca as lágrimas da gente, doutor! Vou lhe pedir uma autorização: Será que eu poderia parar esse remedinho por uma semana, aproveitar pra chorar o tanto que eu precisasse e, então, voltar a tomar? Sinto que chorar um pouco vai me fazer bem..."

O fato de milhares de pessoas já terem tomado antidepressivos por longos períodos de tempo permitiu um acúmulo de evidências científicas sobre os efeitos do uso prolongado dessa classe de medicamentos. Em geral, os antidepressivos não causam dependência e seu uso é razoavelmente seguro.[42] Nenhuma agência de controle de medicamentos recomendou exames laboratoriais obrigatórios e rotineiros por causa de alguma grave consequência que o uso desses medicamentos pudesse trazer para o organismo.

De modo geral, os antidepressivos desenvolvidos mais recentemente causam menos efeitos adversos. Ainda assim, algumas pessoas não se adaptam a esses medicamentos. Alguns desconfortos podem prejudicar, ou mesmo impedir, a continuidade do tratamento. Os efeitos adversos mais frequentes são:

- Náusea e alterações do apetite (para mais ou para menos).
- Ansiedade, inquietude e insônia.
- Aumento de peso.
- Diminuição do desejo sexual e dificuldade para alcançar o orgasmo.

---

42. Schatzberg et al., 2015; Kennedy et al., 2016; Khan e Brown, 2015.

Alguns desses efeitos são contornáveis. A náusea, por exemplo, diminui quando o medicamento da manhã passa a ser tomado logo após o almoço. Algumas pessoas voltam a dormir bem com medidas rotineiras antes de se deitar e com o auxílio temporário de um hipnótico.

O aumento de peso e a obstipação podem ser enfrentados com atividades físicas e cuidados na alimentação. No entanto, em algumas pessoas, os antidepressivos serotoninérgicos aumentam muito o apetite, sobretudo para doces. Quando há aumento expressivo de peso, o medicamento deve ser interrompido e, se necessário, trocado, uma vez que há antidepressivos capazes de diminuir o apetite.

A dificuldade para alcançar o orgasmo melhora com a diminuição da dose ou com períodos de um a dois dias livres de medicação, o que só pode ser feito na fase de manutenção do tratamento. Em alguns casos, quando a falta de libido ou a anorgasmia são marcantes, é preciso trocar a medicação.

A ação de um antidepressivo pode estimular ou inibir o funcionamento neuronal. A afinidade de uma droga a diferentes receptores neuronais (histaminérgicos, colinérgicos, adrenérgicos e serotoninérgicos, por exemplo) pode determinar, além de seu pretendido mecanismo de ação, alguns efeitos adversos.

EFEITOS ADVERSOS SEGUNDO NEUROTRANSMISSÃO ENVOLVIDA

- *Efeitos anti-histamínicos*. Sonolência, ganho de peso, fadiga, tontura, hipotensão arterial (com risco de queda).

- *Efeitos anticolinérgicos*. Boca seca, obstipação (intestino preso), retenção urinária, taquicardia, visão turva, aumento da pressão ocular (perigo para quem tem glaucoma), ganho de peso, disfunção sexual (diminuição da libido, bloqueio do orgasmo), alucinações, confusão mental.

- *Efeitos antiadrenérgicos.* Hipotensão arterial, taquicardia, tontura, tremores, congestão nasal, retardo da ejaculação, disfunção erétil.

- *Efeitos serotoninérgicos.* Irritabilidade, agitação, insônia, cefaleia, fadiga, náusea, diarreia, insônia, disfunção sexual.

Fonte: Botega et al., 2017.

Alguns efeitos adversos dos antidepressivos são bem raros, mas devem ser lembrados devido à potencial gravidade:[43]

- Diminuição do limiar convulsivo (perigo para quem tem epilepsia).
- Distúrbios do movimento (musculatura fica travada, torcicolo, andar com passos miúdos, inquietude nas pernas).
- Hiponatremia (diminuição da concentração do sódio no sangue; pode causar confusão mental).
- Hiperprolactinemia (excesso do hormônio prolactina, produzido pela hipófise; pode causar aumento das glândulas mamárias, secreção de leite e interrupção da menstruação).
- Síndrome serotoninérgica (alterações da temperatura, inquietude, agitação psicomotora, hipertensão arterial).
- Alterações do ritmo cardíaco.

Alguns antidepressivos inibem certas enzimas do fígado, o que pode comprometer a ação de outros medicamentos que estejam sendo usados concomitantemente. O tamoxifeno, por exemplo, precisa de uma dessas enzimas para se transformar numa droga ativa e, assim, bloquear o estrógeno que aumenta o risco de recidiva do câncer de

---

43. Carvalho et al., 2016.

mama. Isso ilustra a necessidade de o médico estar a par das propriedades dos diferentes antidepressivos, bem como ter ciência de todos os medicamentos que a pessoa estiver tomando.

Os antidepressivos podem ser iniciados ou mantidos durante a gestação e a lactação? Qual o potencial de danos para o bebê? O Capítulo 47, sobre depressão pós-parto, aborda essa temática.

46

Nenhum remédio foi bom para mim...

Às vezes, a depressão se prolonga, mesmo após várias tentativas de tratamento medicamentoso. Um famoso estudo científico acompanhou, por um ano, 4 mil pacientes deprimidos. Após a adoção de três a quatro esquemas sequenciais de antidepressivos, 33% dos participantes continuavam deprimidos e não haviam retomado sua vida normal.[44,*]

Em geral, os psiquiatras consideram que uma depressão é "resistente ao tratamento" quando o paciente não melhorou após o uso de duas classes diferentes de antidepressivos – ou seja, com distintos mecanismos de ação – utilizados em dose adequada e durante um período mínimo de quatro semanas. Por isso, antes de se afirmar que uma depressão é "resistente" ou "refratária", é preciso verificar se a falha terapêutica ocorreu no diagnóstico, na prescrição, na escolha do tipo de tratamento (medicamentos e/ou psicoterapia) ou no uso inadequado da medicação.

---

44. Gaynes et al., 2008.
*. O Star*D (*Sequenced Treatment Alternatives to Relieve Depression*) foi o maior estudo do tipo já realizado, apoiado pelo National Institute of Mental Health dos Estados Unidos. Disponível em: https://www.nimh.nih.gov/funding/clinical-research/practical/stard/allmedicationlevels.shtml.

Um diagnóstico errado, ou incompleto, pode levar à cronicidade, ao uso incorreto de medicação e à impressão equivocada de "resistência" ao tratamento. Alguns fatores que costumam precipitar ou agravar a depressão também podem impedir a melhora. É o caso, por exemplo, de certas doenças, dificuldades de relacionamento interpessoal, conflitos na família, estresse crônico e problemas no trabalho. São condições que "não respondem" a medicamentos, e sim a psicoterapia.

É importante, também, definir o tipo de depressão, se unipolar, bipolar, psicótica, ansiosa, atípica, recorrente ou secundária a certos transtornos hormonais e cerebrais. Cada tipo implica opção por diferentes medicamentos.

Depois de conferir a adequação do diagnóstico, bem como considerar a influência de outros fatores sobre o quadro clínico, temos que examinar cuidadosamente a adequação dos tratamentos empregados até então. É quando precisamos passar uma "lição de casa" para pacientes e familiares.

Terão que fazer um cuidadoso levantamento dos medicamentos já tentados, contendo nome das drogas, dose máxima a que se chegou e por quanto tempo essa dose foi mantida. Não é uma tarefa simples; envolve a obtenção de receitas antigas, anotações em agendas, bem como relatórios dos médicos consultados anteriormente.

Mas vale o esforço, porque, antes de concluirmos que nenhum antidepressivo foi eficaz, temos que responder afirmativamente às quatro perguntas seguintes, o que é difícil de acontecer:

- Para cada medicamento tentado, chegou-se à dose máxima recomendada?
- Nessa dose, o medicamento foi mantido por, no mínimo, duas semanas?
- O sal utilizado (marca do medicamento) era de boa qualidade?
- O medicamento foi tomado regularmente, como prescrito?

Na prática, dois erros têm sido bastante frequentes: mudar antidepressivos precocemente, bem como mantê-los por longos períodos em dose subterapêutica.

Às vezes, é a angústia do paciente ou de seus familiares que leva à mudança precoce de um medicamento; às vezes, é a angústia do médico. Agindo dessa forma, impede-se que o medicamento chegue à dose adequada e permaneça pelo tempo mínimo necessário.

Na situação de uso prolongado de subdoses da medicação, o problema está na prescrição inadequada – por desconhecimento ou acomodação do médico, que simplesmente repete receitas – ou na insistência do paciente em tomar doses menores do que as prescritas.

Em relação à qualidade do sal contido em um comprimido de antidepressivo, também é preciso ter algum cuidado. Em algumas farmácias, o balconista tenta "empurrar" genéricos e similares como sendo alternativas mais vantajosas ao que foi prescrito pelo médico. A estratégia é estimulada por "vantagens" oferecidas por companhias farmacêuticas aos atendentes que conseguem a troca.

Na embalagem dos medicamentos genéricos destaca-se o nome científico do fármaco; na dos similares, um nome de fantasia. Embora eles sejam propagandeados como sendo equivalentes ao sal patenteado por uma companhia farmacêutica, nem sempre é o que se observa. É frequente ver um paciente piorar quando ele decide trocar um medicamento de referência por um genérico ou um similar.

Pode acontecer de o médico recomendar um antidepressivo que o paciente já usou no passado, mas agora com a marca de referência original, em dose maior e durante um período de tempo adequado.

Se o paciente melhorar, mas não se recuperar totalmente, o médico talvez prescreva doses um pouco maiores. Isso porque uma parcela da população é dos chamados *metabolizadores rápidos*. Nessa eventualidade, os medicamentos são transformados e eliminados mais rapidamente pelo organismo, o que reduz sua concentração e o efeito do tratamento.

Em síntese, o tratamento adequado de uma depressão prolongada, que não melhora após o uso de vários medicamentos, requer:

- Uma reavaliação do diagnóstico, levando-se em conta as características de personalidade, o desempenho de papéis sociais, a vida afetiva e familiar.
- Um planejamento terapêutico, que poderá incluir uma psicoterapia ou alternativas de tratamento biológico.
- Uma aliança de trabalho compartilhada por médico, paciente e familiares.

Tudo isso requer método, perseverança e paciência. Método na avaliação diagnóstica e na escolha dos medicamentos. Há alternativas racionais, apoiadas em evidências científicas, que devem ser testadas sequencialmente. Além disso, os antidepressivos devem ser indicados de acordo com sutilezas do quadro clínico da depressão, eventuais doenças concomitantes e medicamentos que estejam sendo usados.

Nas decisões clínicas, há nuances que um profissional experiente costuma levar em conta. É no detalhe que se pode acertar. Ainda assim, é impossível garantir que a primeira opção de tratamento será a definitiva. Às vezes, é necessária nova tentativa, ou mesmo a combinação de medicamentos, buscando a potencialização de efeito.

No atual nível de conhecimento, a testagem genética, vista com tanta esperança por alguns pacientes e familiares, não é capaz de indicar qual antidepressivo tem potencial para curar a doença. Tão somente fornece informações sobre como o organismo irá metabolizar o medicamento. Não dá para compará-la a um antibiograma, por exemplo, que especifica quais antibióticos, potencialmente, deverão ser usados para combater uma infecção.

Pensando em tudo o que envolve o tratamento de uma depressão longa e sem melhora, costumo dizer ao paciente e a seus familiares que a nossa luta contra a doença poderá ter vários *rounds*. Aí é que entram a perseverança e a paciência.

47

Depressão pós-parto

Uma menina, com 51 cm e 3.450 gramas, nasceu com traços tão delicados em um rosto tão tranquilo que era impossível não ficar magnetizado por aquela feição de paz e frescor de vida. Todos estavam radiantes – primeira sobrinha, primeira neta.

"Só quero chorar e ficar quieta no meu canto. Me falam pra aproveitar pra descansar enquanto o bebê dorme, mas não consigo. A única coisa que faço é me culpar por não sentir aquele amor incondicional, o senhor compreende? Não consigo achar ele bonitinho, curtir como eu pensei. Amamentar é um estresse, sinto raiva quando ele chora. Acho que eu não devia ter tido, que não vou ser capaz, só fico pensando nisso, se eu queria ser mãe mesmo. Me sinto mal, porque um dia vou ter que pôr na escolinha. Agora eu sei o que a minha mãe passou com a depressão que ela teve. Eu não imaginei que fosse assim. Como ela conseguiu? Naquele tempo eu não dei tanta atenção, achei que ela apenas estava exagerando na tristeza, que iria melhorar se ela se ajudasse mais. Agora fico mal, pedindo desculpa pra ela dez vezes por dia, porque eu não dei tanta importância. Então ela me abraça, diz que já passou, que é pra eu curtir o bebê, agora. Mas eu não consigo cuidar dele, simplesmente não consigo!"

Com a mãe desse bebê, no entanto, as coisas não estavam bem. Após três semanas do parto, Clara passou a se sentir estranhamente triste, desanimada, distante do mundo e das pessoas. O marido queria saber por que estava daquele jeito, e ela não sabia explicar. Sua reação, à época, contrastava com a alegria inicial, ao saber que estava grávida.

Agora tinha uma sensação de apreensão constante, medos diversos, entre os quais o de que não saberia como cuidar de sua filha. Começou a pensar que teria sido melhor o bebê ter morrido, ideia que a deixava mais angustiada e desesperada. Não conseguia fitar sua filhinha, não encontrava forças para amamentá-la ou cuidar dela. Para se aproximar da bebê tinha que morder fortemente os lábios, a ponto de feri-los e causar sangramento. Sua mãe logo percebeu a gravidade da situação e transferiu-se com o marido para a casa da filha, dando-lhe todo o apoio. Um dia, em pânico, Clara enviou, pelo celular, uma mensagem para seu psiquiatra: "Eu não quero que a minha filhinha morra, ela não tem culpa de nada".

A *depressão pós-parto*, ou depressão puerperal, costuma pegar a todos de surpresa. A paciente e os familiares ficam aturdidos e angustiados com um quadro psiquiátrico surgido em um momento tão aguardado e especial, em que deveria predominar a alegria. É um anticlímax, as atenções precisam se voltar para a jovem mãe, acometida por uma depressão que se agrava rapidamente.

Nos primeiros dias após o parto, é comum algum grau de desânimo e cansaço, acompanhado de instabilidade emocional, irritabilidade e tensão. Esse quadro é chamado de *disforia do pós-parto*. Os sintomas são passageiros, em geral diminuem a partir do décimo dia e não chegam a comprometer o desempenho nas tarefas rotineiras, nem a relação da mãe com o recém-nascido.

A *depressão pós-parto* é um quadro clínico mais grave que acomete aproximadamente 10% das mulheres que acabaram de dar à luz. Em geral, o início se dá na segunda ou na terceira semana após o parto. Para 60% dessas mulheres, a depressão pós-parto é o primeiro episódio de depressão. Após uma depressão puerperal, como também é conhecida a depressão pós-parto, a chance de novos episódios depressivos será maior. Até 30% das mulheres com história de depressão antes de engravidar terão depressão puerperal.[45]

O conjunto de sintomas é semelhante aos quadros de depressão que ocorrem em outras fases do ciclo reprodutivo. Pelas próprias circunstâncias do período puerperal, aparecem com muita força os sentimentos de incapacidade e as ideias de inadequação para a maternidade, acompanhados de arrependimento, culpa, vergonha e de temores em relação ao futuro do bebê.

Ocasionalmente, há instabilidade de humor, desorientação no tempo e no espaço, diminuição do nível da consciência, expressão facial de perplexidade e sintomas psicóticos (desconfiança, ideação paranoide, alucinações, discurso incoerente e desorganizado, mutismo, atos irracionais). Às vezes, pode haver desinibição, aceleração do pensamento e euforia.

Os transtornos mentais do puerpério têm uma apresentação clínica que varia muito rapidamente. Isso indica a necessidade de um seguimento próximo e flexibilidade no tratamento. Eles interferem não apenas na segurança da paciente, mas também na do bebê.

As mães devem ser observadas em sua relação com o recém-nascido: as ideias que expressam, como reagem ao contato e às necessidades do bebê. Mães deprimidas podem acreditar que seu bebê sofre de doenças ou malformações, podem se sentir culpadas por não conseguirem amá-lo, por não estarem cuidando dele. Uma mãe psicótica, sob influência delirante, pode ver na criança algo anormal e ameaçador. Deve-se, nesse caso, estar atento para os riscos de comportamento agressivo.

---

45. Llewellyn et al., 1997.

Psicofármacos durante a gravidez e o aleitamento

Durante a gravidez, há, de um lado, os riscos potenciais do medicamento para a mulher e para o bebê; de outro, há o risco de, por receio ou desconhecimento, uma gestante não receber o devido tratamento para um transtorno mental. Uma depressão não tratada, por exemplo, aumenta a chance de aborto, internação psiquiátrica e suicídio; no feto, nascimento pré-termo e baixo peso.

Ao ponderar os riscos e os benefícios do uso de psicofármacos durante a gravidez, devemos lembrar que:

- Os psicofármacos envolvem risco para o feto não apenas durante o primeiro trimestre gestacional; há riscos a serem considerados durante o segundo e o terceiro trimestre.
- Certos transtornos mentais que acometem a grávida causam ao feto malefícios mais prováveis e intensos do que os psicofármacos utilizados em seu tratamento.

A ideia que se tem atualmente é de que mulheres com doenças mentais graves que desejam engravidar não deveriam interromper o tratamento medicamentoso. Quando possível, pode-se substituir uma droga mais perigosa para o bebê por outra de menor risco.

Em mulheres que sofrem de quadros mais leves, com baixo risco de recorrência, a medicação pode ser diminuída, ou mesmo mantida, até a chegada da gravidez. A diminuição progressiva de doses reduz a chance de reação de abstinência logo após a interrupção. A cessação abrupta do medicamento aumenta o risco de recorrência dos transtornos mentais que vinham sendo tratados.[*]

---

[*]. Após interrupção da medicação que vinha sendo habitualmente utilizada, a recorrência da doença gira em torno de 68% para depressão, de 50% para esquizofrenia e de 83% para transtorno bipolar (contra 33% nos casos de transtorno bipolar que continuam a medicação) (Chisolm e Payne, 2016; Barnes et al., 2011; Viguera et al., 2007).

A concentração de psicofármacos no leite materno, incluindo-se a maioria dos antidepressivos, em geral é baixa. O lítio é uma exceção.[46] O uso de psicofármacos durante a lactação é um tema especialmente difícil de ser sintetizado não só pela complexidade, mas pelas constantes atualizações.

Recentemente, novos medicamentos foram desenvolvidos para o tratamento da depressão pós-parto: a brexanolona e a zuranolona, até a presente data indisponíveis no Brasil. O tema é abordado no Capítulo 48.

Decisões envolvendo o uso de psicofármacos durante a gestação e a lactação não são simples. Embora tenha havido aumento de informação, não dispomos de respostas para oferecer as certezas que a gestante e os implicados na decisão gostaríamos de ter.

---

46. Owen, 2011.

48

ECT e outros tratamentos

"A eletroconvulsoterapia (ECT) é aprovada nas melhores democracias e amplamente utilizada nas mais eminentes faculdades de medicina." Procurando me contrapor a ideias preconceituosas, eu costumava logo transmitir essa informação a estudantes que chegavam ao estágio da psiquiatria.

Porque o nome já é assustador! E é a primeira barreira a ser superada quando falamos em eletrochoque, ou eletroconvulsoterapia (ECT), para o paciente e seus familiares. A palavra envolve eletricidade e choque, e ninguém gosta de "levar choque"! Também a ideia de passar por uma convulsão, com a perda da consciência e as contrações musculares, é algo compreensivamente amedrontador.

Superada a barreira semântica, a imagem pública da ECT é, em geral, negativa e muito distante da realidade atual do tratamento. As representações sociais em relação à ECT foram alimentadas por um lado sinistro da história. Vêm à mente o choque elétrico empregado por torturadores sádicos e as cenas dantescas ocorridas em manicômios.

Para alimentar o preconceito, há, nos dias atuais, movimentos radicais, motivados mais por ideologia do que por conhecimento, que veem na ECT uma prática violenta e perigosa, que desrespeita a dignidade da pessoa.

Na realidade, o procedimento é feito sob anestesia geral de curta duração, como a utilizada, por exemplo, em endoscopia ou colonoscopia. A descarga elétrica é mínima, utilizada para promover a convulsão (o uso de drogas que desencadeiam convulsões foi abandonado por envolver maior risco). A convulsão ocorre "apenas no cérebro", uma vez que se utilizam medicamentos que evitam os abalos musculares observados normalmente em uma convulsão epiléptica.[47]

A oxigenação e o ritmo cardíaco do paciente são monitorados por aparelhos, sempre com a presença de um médico anestesista. O procedimento não dura mais do que dez minutos. Segue-se um período de recuperação anestésica, que em geral não excede meia hora, depois do qual o paciente pode sair caminhando e voltar para casa.

A ECT surgiu na década de 1930, 20 anos antes de serem descobertos os primeiros psicofármacos. Até o momento, nenhuma droga se igualou, em eficácia, à ECT. Seu índice de eficácia chega a 90%, maior do que os 60-70% dos medicamentos antidepressivos. É por isso que a ECT se mantém como um recurso valioso para tratar transtornos mentais graves e salvar vidas.[48]

A ECT promove disparos cerebrais rítmicos e autolimitados que provocam aumento da disponibilidade de certos neurotransmissores, como a serotonina, a dopamina, a noradrenalina e o glutamato, os quais estão implicados em circuitos que controlam o humor. Essa reação cerebral dura entre 30 e 60 segundos e é monitorada por meio do eletroencefalograma (EEG).

São necessárias de duas a três sessões semanais, em um total de oito a doze. Em certos casos, são necessárias sessões de manutenção a cada 30 dias, aproximadamente.

---

47. Deng et al., 2024.
48. Rosa e Rosa, 2015.

Nos hospitais das principais universidades do país adota-se a ECT para casos selecionados. Entretanto, o acesso ao tratamento é restrito, geralmente oferecido apenas a pacientes que se encontram internados. Nos poucos serviços particulares em que a ECT é oferecida ambulatorialmente (sem necessidade de internação), o procedimento é muito dispendioso para o cidadão comum, em parte por envolver, além do psiquiatra, anestesista e instalações especiais, do tipo dos *day hospitals* onde se realizam cirurgias ambulatoriais.

O efeito adverso mais sério da ECT é a perda temporária de memória. Procedimentos técnicos modernos reduziram muito esse problema. Cefaleia, náusea e confusão mental transitória também podem ocorrer e, muito raramente, arritmias cardíacas. Esses efeitos adversos são de pouco risco e plenamente contornáveis. Os benefícios são bem maiores do que os riscos. Essa relação poderá melhorar à medida que outras formas de indução da convulsão forem desenvolvidas.[49]

A taxa de mortalidade devido à ECT se aproxima de 1 morte para cada 75 mil tratamentos, o que corresponde ao risco da própria indução anestésica.

Os quadros depressivos do tipo melancólico* são os que mais respondem à ECT, mas pessoas que sofrem de outros tipos de depressão podem se beneficiar, como as depressões refratárias, a bipolar, a delirante e a catatônica. Também optamos pela ECT quando as medicações não surtem efeito ou quando provocam muitos efeitos adversos.

Quando a depressão é acompanhada de ideias delirantes, agitação psicomotora, ideação suicida ou estupor (um tipo de paralisia de todo o corpo, acompanhada de mutismo), a ECT é a primeira opção de tratamento.

Em síntese, nas seguintes condições clínicas da depressão a ECT é o tratamento de escolha, sobretudo quando a demora na recuperação implica alto risco de vida:

---

49. Deng et al., 2024.
*. A depressão melancólica é descrita no Capítulo 25, "As faces da depressão".

- Risco iminente de suicídio.
- Desnutrição que põe em risco a vida do paciente.
- Estupor depressivo ou presença de sintomas catatônicos.
- Sintomas psicóticos graves.
- Efeitos dos psicofármacos se tornam muito arriscados, como em pacientes idosos e durante a gestação.

Estimulação magnética transcraniana

A estimulação magnética transcraniana (EMT) é um tratamento que estimula neurotransmissores implicados na regulação do humor.

A EMT começou a ser estudada nos Estados Unidos na década de 1990. A técnica foi aprovada pela Food and Drug Administration (FDA), agência reguladora dos Estados Unidos, em 2008.

A EMT é feita diariamente, no próprio consultório do psiquiatra, em sessões de aproximadamente trinta minutos. Não há necessidade de anestesia, o paciente permanece consciente, sentado em uma poltrona. Leve dor de cabeça e vermelhidão no local da aplicação podem surgir nas primeiras sessões, mas em geral são leves e passageiras. Indicam-se de quinze a vinte sessões inicialmente. Após essa etapa, o médico definirá a periodicidade das aplicações.[50]

A taxa de eficácia da EMT é menor do que a da ECT, em torno de 50-70%.[51] Ainda há dúvidas quanto à efetividade na depressão bipolar.[52]

Outros tratamentos neuromoduladores, como a estimulação do nervo vago e a estimulação cerebral profunda, têm caráter experimental e aguardam padronização de procedimentos, bem como evidências científicas mais sólidas quanto a benefícios e riscos.

---

50. Perera et al., 2016.
51. Chen et al., 2017.
52. Kishi et al., 2023.

Cetamina

Nos últimos 25 anos, vários estudos realizados com pacientes sofrendo de depressão grave, em muitos casos com ideação suicida, demonstraram boa e rápida resposta da cetamina por via endovenosa, em doses subanestésicas. Trata-se de uma droga que modula a atividade de um neurotransmissor chamado de glutamato, além de outros mecanismos de ação.[53]

O efeito antidepressivo é rápido, mas nem sempre se mantém após poucas semanas do término do tratamento. Há mais estudos apoiando a utilização por via endovenosa do que subcutânea. Há também uma versão em spray intranasal da droga (escetamina), mais dispendiosa, aprovada para uso desde 2019. No entanto, a efetividade parece maior quando se utiliza a via intravenosa.[54]

O estágio inicial do tratamento com cetamina endovenosa compreende oito sessões, monitoradas de perto pelo médico: duas infusões por semana, ao longo de dois meses. A continuidade e a frequência do tratamento sujeitam-se a avaliação clínica. O tratamento é seguro, e os principais efeitos colaterais (agitação psicomotora, tontura, boca seca e dor de cabeça) são transitórios.

Outros tratamentos

Muitos esforços têm sido empreendidos para o desenvolvimento de novas modalidades de tratamento de pessoas que sofrem de depressão e não melhoraram com os antidepressivos convencionais. Idealmente, tais tratamentos deveriam ter um início de ação mais rápido, com eficácia e tolerabilidade aceitáveis.[55]

No tratamento da depressão pós-parto, houve avanços a partir da aprovação de uma droga que aumenta a ação de um neurotransmissor chamado ácido gama-aminobutírico (GABA). Trata-se da

---

53. Marwaha et al., 2023.
54. Bahji et al., 2021; Smith-Apeldoor et al., 2022.
55. Marwaha et al., 2023.

brexanolona, um neuroesteroide sintético que necessita de infusão intravenosa contínua por 60 horas. Ela é capaz de reduzir sintomas depressivos rapidamente, e os efeitos adversos mais frequentes são sedação e diminuição do nível de consciência. A brexanolona foi aprovada para uso nos Estados Unidos. Seu preço é muito elevado, o que tem limitado indicação e uso frequentes, mesmo no país de origem. Ainda não está disponível no Brasil. Outra droga com o mesmo mecanismo de ação, a zuranolona, foi desenvolvida e está em vias de ser comercializada. Deve ser ingerida ao longo de 14 dias e tem rápido início de ação.[56]

Nos últimos anos, renovou-se o interesse pelo uso de **drogas psicodélicas**, com ação serotoninérgica, no tratamento da depressão resistente a outros tratamentos. A psilocibina e a ayahuasca têm sido as mais testadas em ensaios clínicos. A eficácia e a segurança desses tratamentos são incertas. São utilizados experimental e criteriosamente apenas em centros de pesquisa autorizados.[57]

---

56. Kaufman et al., 2022; Walkery et al., 2021.
57. Marwaha et al., 2023; Rosenblat et al., 2023.

49

Depressão bipolar, tratamento diferente

Ela tem 38 anos. Desde a adolescência, já passou por várias fases de depressão e de aceleração; essas últimas, breves e sem muitas consequências. Agora, ela percebe estar entrando em nova fase depressiva, com mistura de sentimentos, reações impulsivas, insônia e sensação de turbulência interna que caracterizam a chamada *fase mista* do transtorno afetivo bipolar (TAB):

> "Voltei a sentir aquela falta de vontade, um peso terrível nas pernas, um desânimo de doer... Só tem coisa negativa vindo na minha cabeça... Que vão invadir minha casa, que vão fazer mal pra minha filha, que eu vou morrer logo... Ao mesmo tempo, estou com o pavio muito curto, tenho vontade de matar um! Estou fazendo uma merda atrás da outra. Por exemplo, outro dia joguei uma gaveta na cabeça do meu marido. E, por uma bobagem, terminei brigando com o moço do estacionamento. Estou estranha, só quero

comer, uma fissura por comida! E não venham me falar que eu estou gorda! Eu quero comer! Se eu pudesse, comia a mesa!"

Metade das pessoas que sofrem de TAB iniciam a doença com a depressão.[58] A fase depressiva do TAB muitas vezes é chamada de *depressão bipolar*. Discriminar essa variante do quadro sintomatológico de uma depressão comum é difícil, mas muito importante.

Muitas vezes, um eventual episódio de hipomania havido no passado é difícil de ser clinicamente esclarecido. A alteração do humor, por ser leve e não costumar trazer graves consequências, pode passar despercebida.*

Se episódios de hipomania forem resgatados da memória, pelo paciente ou por seus familiares, o médico passará a pensar que a atual depressão pode ser uma fase depressiva do TAB – nesse caso, chamado de TAB tipo II.

O diagnóstico de TAB é importante, pois levará a tratamento diferente. Por isso, os psiquiatras investigam sinais presuntivos desse transtorno em pacientes que se apresentam deprimidos. Um conjunto de sinais, mesmo na ausência de episódio de mania, ou de claro episódio hipomaníaco ocorrido no passado, pode dar força a uma hipótese diagnóstica e a um teste terapêutico com estabilizadores do humor.

A International Society for Bipolar Disorders (ISBD) sugere que o diagnóstico de uma *depressão bipolar* seja feito sob um caráter probabilístico, dispensando-se a detecção de episódios prévios de elevação de humor.[59]

---

58. Goodwin e Jamison, 2010.
*. Os Capítulos 34 e 35 abordam o que se entende por mania e hipomania.
59. Yatham et al., 2013.

Por que essa recomendação? A fim de se iniciar, mais precocemente, o tratamento adequado para um tipo de depressão que, muito provavelmente, é a depressão do TAB.

Algumas características do quadro clínico fazem o psiquiatra cogitar a possibilidade de uma depressão ser manifestação de uma fase do TAB. Nenhuma dessas características, individualmente, nem o agrupamento delas, define um diagnóstico de TAB. No entanto, sua presença exige investigação cuidadosa a respeito de antecedentes de mania ou hipomania:

- Idade de início precoce (antes dos 25 anos).
- Depressão com sintomas atípicos ou psicóticos.
- Depressão pós-parto.
- Início e término abrupto do episódio depressivo.
- Episódios depressivos breves (duração menor do que três meses).
- Vários episódios de depressão.
- Retardo psicomotor importante.
- Sazonalidade (depressão sempre na mesma época do ano).
- História familiar de TAB em parente de primeiro grau.
- Temperamento hipertímico (acelerado, energético, alegre).
- Mania ou hipomania induzidas por antidepressivo.
- Perda de efeito do antidepressivo (resposta aguda foi obtida, mas não mantida).
- Falha de resposta a esquemas adequados com antidepressivos.
- Quadros depressivos que, por suas características, lembram os estados mistos do TAB (como na vinheta clínica no início deste capítulo).

As diretrizes de tratamento das principais organizações internacionais recomendam que a depressão bipolar seja tratada com um estabilizador de humor, isoladamente, ou combinado a um antidepressivo, sendo esse último usado pelo menor tempo necessário.[60]

---

60. Parikh et al., 2016.

Não seria prudente iniciar o tratamento exclusivamente com um antidepressivo. Se usado isoladamente, ele pode induzir uma passagem abrupta da depressão para estados de mania ou estados mistos, ou mesmo desencadear uma fase de ciclagem rápida, com muita instabilidade e maior risco de suicídio.[61]

O estabilizador de humor ideal deveria evitar novos episódios de doença (depressivos ou maníacos) sem causar efeitos adversos. Tal medicamento não existe. É preciso ponderar os ganhos na estabilização do humor com os desconfortos de eventuais efeitos adversos. Alguns desses efeitos podem ser contornados; outros, não. Se for preciso, um medicamento mais tolerável deverá ser adotado.

Pode ser difícil, para quem sofre de TAB, manter-se tomando medicamentos por longo tempo, enfrentando efeitos adversos, quando tudo parece estar bem. É quando dá vontade de desafiar o destino e, simplesmente, parar a medicação, ou tomá-la em menor dose. Aí é que mora o perigo de recorrência de novas fases da doença!

Em dado momento do tratamento, algumas pessoas passam a se sentir tão bem que resolvem abandonar a medicação. Na verdade, pode não ter sido *decisão*, algo ponderado, mas um ato impulsivo fomentado pelas sensações de euforia, de energia e de bem-estar típicas da fase maníaca.

No TAB não tratado, as recorrências tendem a ficar mais frequentes e prolongadas. Quanto mais recorrências, maior prejuízo cognitivo (atenção, memória, capacidade de tomar decisões).[62]

Como o tratamento é de longo prazo, médico e paciente aprendem um com o outro. Esse conhecimento compartilhado permite, por exemplo, a detecção dos primeiros sinais da chegada de nova fase da doença. Pode-se, então, fazer os necessários ajustes na medicação a fim de evitar o agravamento do quadro clínico.

---

61. Yildiz et al., 2023.
62. Grande et al., 2016.

Então, uma regra combinada entre médico, paciente e familiares costuma ser: diante do primeiro impulso para interromper a medicação, comunicar-se com o médico. Outro exemplo de sinal de alerta a revelar o início da fase maníaca (ou hipomaníaca): deixar de dormir e, mesmo assim, sentir-se bem e sem sono.

A psicoterapia também é importante no tratamento do TAB. Aliada à medicação, ela é capaz de reduzir as recorrências, permite lidar melhor com a condição de ter a doença, além de melhorar as relações interpessoais.

50

Crise e tristeza, coisas da vida

Quando eu tinha 20 e poucos anos, pensei que a maturidade traria o apaziguamento existencial e que um dia eu viveria sem crises. Assim simples. Aos 50, eu seria o herói de mim mesmo. Cavoucando na aridez dos dias, o esforço seria recompensado, e, dentro de mim, em segredo, e para minha satisfação, brotaria um dalai-lama.

A maturidade, sim, foi o benefício dos anos de experiência, mas não a calmaria das angústias existenciais. Hoje penso que carregarei dúvidas até o meu fim e, enquanto enfrentar as crises e o não saber, estarei vivo e ativo.

Crises transformadoras: é disso que são feitas a matéria de nossa existência e a essência da natureza humana. Não as reconhecer e não querer enfrentar as crises que a vida traz é equivalente a deixar-se morrer.

O significado da palavra já diz tudo. *Krisis*, em grego, significa separação. O verbo *krinein* significa separar, distinguir, escolher e tomar decisão. Por extensão, é o momento decisivo, difícil de separar, julgar e decidir. Assim entendemos os derivados *kriterion* (critério) e *kritikos* (crítico: capaz de julgar).

Há as crises vitais do desenvolvimento e as crises circunstanciais. As primeiras ocorrem à medida que envelhecemos, quando surgem dificuldades na passagem de uma fase da vida para outra. Elas são inerentes ao desenvolvimento humano. Já as crises circunstanciais originam-se de acontecimentos raros e extraordinários, situações que o indivíduo não tem como controlar.

> **Aposentadoria.** "Essa parada me pegou em cheio, eu não estava preparado, acho. Minha mulher reclama, diz que eu fiquei cricri, que agora eu quero organizar a geladeira, explicar como ela tem que arrumar as coisas... Diz que eu não saio do pé dela.
> Ela tem razão, estou mesmo um grude chato, reconheço. Não sei o que fazer, pareço uma barata tonta... Vou ao clube, encontro os conhecidos, mas não vejo graça, tô sem assunto."

> **Ninho vazio.** "Não fiz nenhuma amizade nesta cidade, fui perdendo essa capacidade. Em Maceió eu me sentia melhor, tinha os amigos do meu filho, meu marido era do Rotary, a casa sempre cheia de gente... Eu tinha um monte de coisas pra providenciar. Agora não faço nada, já criei meus filhos, saiu todo mundo, perdi tudo..."

Algumas crises são inesperadas, interrompem o curso normal da vida. Retiram-nos de um mundo conhecido e relativamente previsível, para nos manter vulneráveis, suspensos na linha do tempo. A pandemia do coronavírus, por exemplo, provocou esse fenômeno: uma crise "de fora" levando a uma crise "dentro".

A crise pode ser tão dolorosa quanto útil, variando conforme a gravidade daquilo que ela afeta ou a ocasiona. O significado de um acontecimento, de uma situação inesperada, precisa ser encontrado e integrado à história do sujeito, incorporando-se a uma nova perspectiva de vida. Veja nesses dois exemplos:

> "Me transformei em vigia de WhatsApp! Desde que ela me deixou, penso assim: se ela estiver *on-line* é porque, naquele exato momento, não tá com outro cara. Me alivio só por um instante e então volto a checar, checar e checar. Eu sei que isso é insano, mas é no que me transformei. Vigia de WhatsApp... até no meio da noite!"

> "Quando descobri que o meu marido me traía, tudo desmoronou. Ainda não consigo me desvencilhar do passado, mas já consigo enxergar que meu marido não estava realmente comigo, só existia, essa é a verdade. Não estávamos juntos. Sempre resolvia minhas crises me enfurnando no trabalho, minha energia ficava lá, e fui levando... Então me separei e fui dando os primeiros passos para uma nova vida, uma nova perspectiva. Ainda estou triste, é verdade, mas ando gostando mais de mim!"

Às vezes é uma doença aguda que faz desabar, inapelavelmente, a sensação de onipotência e as gambiarras existenciais com que tocávamos a vida. "Sou frágil, posso morrer." Sobre fragilidade e mortalidade sempre soubéramos, mas era apenas racionalmente, como uma realidade que só acontecesse com os outros. Agora é um "conhecimento sentido" que se impõe, nada teórico, vivenciado de modo íntimo e pessoal.

A crise pode levar ao colapso existencial, acarretando vivências de angústia e desamparo, de incapacidade e esgotamento, de falta de perspectiva de solução. Se ultrapassar a capacidade pessoal de reação e adaptação, ela pode aumentar a vulnerabilidade para o suicídio, que passa a ser visto como solução única para uma situação insuportável.

Felizmente, na grande maioria das crises há uma evolução, digamos, esperada e positiva: primeiro, vem a catástrofe com muito medo e desorganização psíquica; segundo, o aprendizado trazido pela crise; e, terceiro, uma fase de crescimento pessoal, com elaborações e reorganizações possíveis.

As fases da crise psíquica

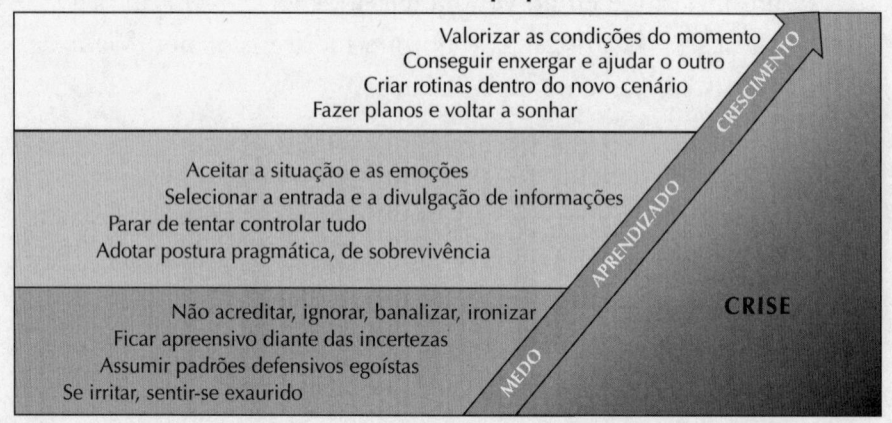

CRISE
CRESCIMENTO: Valorizar as condições do momento / Conseguir enxergar e ajudar o outro / Criar rotinas dentro do novo cenário / Fazer planos e voltar a sonhar
APRENDIZADO: Aceitar a situação e as emoções / Selecionar a entrada e a divulgação de informações / Parar de tentar controlar tudo / Adotar postura pragmática, de sobrevivência
MEDO: Não acreditar, ignorar, banalizar, ironizar / Ficar apreensivo diante das incertezas / Assumir padrões defensivos egoístas / Se irritar, sentir-se exaurido

Fonte: Botega, 2013.

Em meio a temores e inseguranças, a crise "normalmente" produz intensa movimentação psíquica direcionada para a sobrevivência e, junto com esta, a necessidade urgente de fazer um balanço de vida, de fazer ajustes. A consciência da vulnerabilidade e da finitude faz vir à tona essa urgência.

Com o tempo, a vivência de catástrofe vai se enfraquecendo e, a partir de algum momento da crise, há gestação de ideias e de planos. Será preciso definir, ou modificar, as prioridades, não só no mundo externo, mas, principalmente, no mundo interno.

Por isso, precisamos das crises e dos sentimentos que elas trazem. Crise e tristeza são coisas da vida. É preciso tê-las e senti-las, e não fugir delas a todo custo. É assim que se cresce, suportando a tristeza que tem, afinal, um potencial transformador.

Referências

Alighieri D. *A divina comédia*. São Paulo: Abril; 1979.

American College of Obstetricians and Gynecologists (ACOG). *Guidelines for Women's Health Care*: A Resource Manual. 4th ed. Washington: American College of Obstetricians and Gynecologists; 2014.

American Psychiatric Association. *Diagnostic and Statistical Manual of Mental Disorders*. 3th ed. Washington, DC: American Psychiatric Association; 1980.

American Psychiatric Association. *Manual diagnóstico e estatístico de transtornos mentais (DSM-5)*. Porto Alegre: Artmed; 2014.

Andrade CD. *Uma pedra no meio do caminho*: biografia de um poema. Rio de Janeiro: Editora do Autor; 1967.

Arana JI. *Historias curiosas de la medicina*. Madrid: Espasa Calpe; 1995.

Bahji A, Vazquez GH, Zarate CA Jr. Comparative efficacy of racemic ketamine and esketamine for depression: A systematic review and meta-analysis. *J Affect Disord*. 2021;278:542-55.

Beck JS. *Terapia cognitivo-comportamental*. Porto Alegre: Artmed; 2013.

Bertolote JM, Fleischmann A. Suicide and Psychiatric Diagnosis: A Worldwide Perspective. *World Psychiatry*. 2002;1:181-5.

Botega NJ. *Crise suicida*: avaliação e manejo. 2ª ed. Porto Alegre: Artmed; 2023.

Botega NJ. *Prática psiquiátrica no hospital geral*: interconsulta e emergência. 4ª ed. Porto Alegre: Artmed; 2017.

Botega NJ, Bio MR, Zomignani MA. Transtornos de humor em enfermaria de clínica médica e validação de escala de medida (HAD) de ansiedade e depressão. *Rev. Saúde Pública*. 1995;29(5):355-63.

Botega NJ, Furlanetto LM, Fráguas Jr. Depressão. In: Botega NJ. *Prática psiquiátrica no hospital geral*: interconsulta e emergência. 4ª ed. Porto Alegre: Artmed; 2017.

Botega NJ, Mann A, Blizard R, Wilkinson G. General Practitioners and Depression – First Use of the Depression Attitude Questionnaire (DAQ). *International Journal of Methods in Psychiatric Research*. 1992;2:169-80.

Botega NJ, Marín-León L, Oliveira HB, Barros MB, Silva VF, Dalgalarrondo P. Prevalências de ideação, planos e tentativas de suicídio: um inquérito populacional em Campinas-SP. *Cadernos de Saúde Pública*. 2009;25(12):2632-8.

Botega NJ, Pondé M, Silveira DC. Validação da Escala Hospitalar de Ansiedade e Depressão (HAD) em pacientes epilépticos ambulatoriais. *J. Bras. Psiquiatr.* 1998;47(6):285-9.

Botega NJ, Silveira GM. General Practitioners' Attitudes Towards Depression: A Study in Primary Care Setting in Brazil. *Int J Soc Psychiatry*. 1996;42(6):230-7.

Brasil. Ministério da Saúde. Secretaria de Vigilância em Saúde. Mortalidade por suicídio e notificações de lesões autoprovocadas no Brasil. *Boletim epidemiológico*. 2021;(52)33.

Burns T. *Our Necessary Shadow*: The Nature and Meaning of Psychiatry. New York: Pegasus; 2014.

Burton R. *A anatomia da melancolia*. Curitiba: Editora da Universidade Federal do Paraná; 2011.

Carvalho AF, Sharma MS, Brunoni AR, Vieta E, Fava GA. The Safety, Tolerability and Risks Associated with the Use of Newer Generation Antidepressant Drugs: A Critical Review of the Literature. *Psychother Psychosom.* 2016;85(5):270-88.

Caspi A, Moffit TE. Gene-Environment Interactions in Psychiatry: Joining Forces with Neurosciences. *Nature Ver (Neurosciences).* 2006;7:583-90.

Chen JJ, Zhao LB, Liu YY, Fan SH, Xie P. Comparative Efficacy and Acceptability of Electroconvulsive Therapy Versus Repetitive Transcranial Magnetic Stimulation for Major Depression: A Systematic Review and Multiple-Treatments Meta-Analysis. *Behav Brain Res.* 2017;320:30-6.

Chisolm MS, Payne JL. Management of Psychotropic Drugs During Pregnancy. *BMJ.* 2016;532:h5918.

Clark LA, Cuthbert B, Lewis-Fernández R, Narrow WE, Reed GM. Three Approaches to Understanding and Classifying Mental Disorder: ICD-11, DSM-5, and the National Institute of Mental Health's Research Domain Criteria (RDoC). *Psychological Science in the Public Interest.* 2017;18(2):72-145.

Conti NA. *Historia de la depresión*: la melancolia desde la Antigüedad hasta el siglo XIX. Buenos Aires: Polemos; 2007.

Cosgrove L, Vannoy S, Mintzes B, Shaughnessy AF. Under the Influence: The Interplay among Industry, Publishing, and Drug Regulation. *Account Res.* 2016;23(5):257-79.

Cuthbert BN. The RDoC Framework: Facilitating Transition from ICD/DSM to Dimensional Approaches that Integrate Neuroscience and Psychopathology. *World Psychiatry.* 2014;13:28-35.

Darwin C. *A expressão das emoções no homem e nos animais.* São Paulo: Companhia de Bolso; 2009.

Deng ZD, Robins PL, Regenold W, Rohde P, Dannhauer M, Lisanby SH. How electroconvulsive therapy works in the treatment of depression: is it the seizure, the electricity, or both? *Neuropsychopharmacology.* 2024;49:150-162.

Diniz BSO, Forlenza OV. Depressão geriátrica. In: Lacerda LT, Quarantini LC, Miranda-Scippa AMA, Del Porto JA (Coords.). *Depressão*: do neurônio ao funcionamento social. Porto Alegre: Artmed; 2009.

Eizirik CL, Aguiar RW, Schestatsky SS. *Psicoterapia de orientação analítica*. Porto Alegre: Artmed; 2014.

Epperson CN, Steiner M, Hartlage SA, Eriksson E, Schmidt PJ, Jones I et al. Premenstrual Dysphoric Disorder: Evidence for a New Category for DSM-5. *Am J Psychiatry*. 2012;169(5):465-75.

Esher A, Coutinho T. Rational Use of Medicines, Pharmaceuticalization and Uses of Methylphenidate. *Cien Saude Colet*. 2017 Aug;22(8):2571-80.

Fabbri C, Serretti A. Pharmacogenetics of Major Depressive Disorder: Top Genes and Pathways Toward Clinical Applications. *Curr Psychiatry Rep*. 2015;17(7):50.

Francis A. *Fundamentos do diagnóstico psiquiátrico*: respondendo às mudanças do DSM-5. Porto Alegre: Artmed; 2015.

Frasure-Smith N, Lespérance F, Talajic M. Depression Following Myocardial Infarction: Impact on 6-Month Survival. *JAMA*. 1993;270(15):1819-25.

Furlanetto LM, Brasil MA. Diagnosticando e tratando depressão no paciente com doença clínica. *J Bras Psiquiatr*. 2006;55(1):8-19.

Garcia C. *Sobre viver*: como ajudar jovens e adolescentes a sair do caminho do suicídio. São Paulo: Benvirá; 2018.

Gaynes BN, Rush AJ, Trivedi MH, Wisniewski SR, Balasubramani GK, McGrath PJ et al. Primary Versus Specialty Care Outcomes for Depressed Outpatients Managed with Measurement-Based Care: Results from Star*D. *J Gen Intern Med*. 2008;23(5):551-60.

Ghaemi N. *On Depression*: Drugs, Diagnosis and Despair in the Modern World. Baltimore: The Johns Hopkins University Press; 2013.

Goodwin FK, Jamison KR. *Doença maníaco-depressiva*: transtorno bipolar e depressão recorrente. Porto Alegre: Artmed; 2010.

Grande I, Berk M, Birmaher B, Vieta E. Bipolar Disorder. *Lancet*. 2016;387:1561-72.

Greden JF, Genero N, Price HL. Agitation-Increased Electromyogram Activity in the Corrugator Muscle Region: A Possible Explanation of the "Omega sign"? *Am J Psychiatry*. 1985;142(3):348-51.

Gross CG. 'Psychosurgery' in Renaissance Art. *Trends Neurosci.* 1999 Oct;22(10):429-31.

Harned M, Sloan P. Safety Concerns with Long-Term Opioid Use. *Expert Opin Drug Saf.* 2016;15(7):955-62.

Hengartner MP. Methodological Flaws, Conflicts of Interest, and Scientific Fallacies: Implications for the Evaluation of Antidepressants' Efficacy and Harm. *Front Psychiatry.* 2017;8:275.

Heymann RE, Paiva ES, Martinez JE, Helfenstein Jr M, Rezende MC, Provenza JR, Ranzolina A, Assis MR, Feldman DP, Ribeiro LS, Souza EJR. Novas diretrizes para o diagnóstico da fibromialgia. *Rev Bras Reumatol.* 2017;57(S2):S467-S476.

Hoffmann A, Sportelli V, Ziller M, Spengler D. Epigenomics of Major Depressive Disorders and Schizophrenia: Early Life Decides. *Int J Mol Sci.* 2017.

Ismaili E, Walsh S, O'Brien PM et al. Fourth Consensus of the International Society for Premenstrual Disorders (ISPMD): Auditable Standards for Diagnosis and Management of Premenstrual Disorder. *Arch Womens Ment Health.* 2016;19(6):953-8.

Jablensky A. Psychiatric Classifications: Validity and Utility. *World Psychiatry.* 2016;15(1):26-31.

Jones SG, Benca RM. Circadian Disruption in Psychiatric Disorders. *Sleep Med Clin.* 2015 Dec;10(4):481-93.

Kaufman Y, Carlini S, Deligiannidis K. Advances in pharmacotherapy for postpartum depression: a structured review of standard-of-care antidepressants and novel neuroactive steroid antidepressants. *Ther. Adv. Psychopharmacol.* 2022;28:12:20451253211065859.

Kendler KS. The Phenomenology of Major Depression and the Representativeness and Nature of DSM Criteria. *Am J Psychiatry.* 2016;8:771-80.

Kennedy SH, Lam RW, McIntyre RS, Tourjman SV, Bhat V, Blier P, Hasnain M, Jollant F, Levitt AJ, MacQueen GM, McInerney SJ, McIntosh D, Milev RV, Müller DJ, Parikh SV, Pearson NL, Ravindran AV, Uher R,

CANMAT Depression Work Group. Canadian Network for Mood and Anxiety Treatments (CANMAT) 2016 Clinical Guidelines for the Management of Adults with Major Depressive Disorder. *Can J Psychiatry*. 2016;61(9):524-60.

Khan A, Brown WA. Antidepressants Versus Placebo in Major Depression: An Overview. *World Psychiatry*. 2015 Oct;14(3):294-300.

Kishi T, Ikuta T, Sakuma K, Hatano M, Matsuda Y, Kito S, Iwata N. Repetitive transcranial magnetic stimulation for bipolar depression: a systematic review and pairwise and network meta-analysis. *Mol. Psychiatry.* 2023. Disponível em: https://doi.org/10.1038/s41380-023-02045-8. Acesso em: 25 mar. 2024.

Kramer PD. *Listening to Prozac*. New York: Viking; 1993.

Kupfer DJ. Long-Term Treatment of Depression. *J Cin Psychiatry*. 2001;52(5 Suppl):28-34.

Labonté B, Turecki G. The Epigenetics of Suicide: Explaining the Biological Effects of Early Life Environmental Adversity. *Arch Suicide Res.* 2010;14(4):291-310.

Laing RD. *The Divided Self*: An Existential Study in Sanity and Madness. London: Tavistck Publications; 1960.

Lichtman JH, Bigger JT Jr, Blumenthal JA, Frasure-Smith N, Kaufmann PG, Lespérance F et al. Depression and Coronary Heart Disease: Recommendations for Screening, Referral, and Treatment: A Science Advisory from the American Heart Association Prevention Committee of the Council on Cardiovascular Nursing, Council on Clinical Cardiology, Council on Epidemiology and Prevention, and Interdisciplinary Council on Quality of Care and Outcomes Research: Endorsed by the American Psychiatric Association. *Circulation*. 2008 Oct 21;118(17):1768-75.

Lieberman JA. *Psiquiatria*: uma história não contada. São Paulo: WMF Martins Fontes; 2016.

Linehan MM, Dexter-Mazza ET. Terapia comportamental dialética para transtorno de personalidade borderline. In: Barlow DB (Ed.). *Manual clínico dos transtornos psicológicos*. Porto Alegre: Artmed; 2009. p. 366-421.

Llewellyn AM, Stowe ZN, Nemeroff CB. Depression During Pregnancy and Puerperium. *J Clin Psychiatry*. 1997;58(Suppl 15):26-32.

Macedo MMK, Werlang BSG. Tentativa de suicídio: o traumático via ato--dor. *Psicologia: Teoria e Pesquisa*. 2007;23(2):185-94.

MacQueen GM, Frey BN, Ismail Z, Jaworska N, Steiner M, Van Lieshout RJ, Kennedy SH, Lam RW, Milev RV, Parikh SV, Ravindran AV, CANMAT Depression Work Group. Canadian Network for Mood and Anxiety Treatments (CANMAT) 2016 Clinical Guidelines for the Management of Adults with Major Depressive Disorder: Section 6. Special Populations: Youth, Women, and the Elderly. *Can J Psychiatry*. 2016;61(9):588-603.

Marwaha S, Palmer E, Suppes T, Cons E, Young AH, Upthegrove R. Novel and emerging treatments for major depression. *Lancet*. 2023; 401(10371): 141-153.

Mayfield D, McLeod G. The CAGE Questionnaire: Validation of a New Alcoholism Screening Instrument. *Am J Psychyatry*. 1974;131(19):1121-3.

McHugh PR, Slavney PR. *The Perspectives of Psychiatry*. Baltimore: The Johns Hopkins University Press; 1998.

McIntyre RS. Implementing Appropriate Treatment Strategies for Varying Types of Depression. *J Clin Psychiatry*. 2016 Oct;77(10):e1355. doi: 10.4088/JCP.14077cc3c.

Mella LFB, Stella F. Interconsulta de pacientes idosos. In: Botega NJ. *Prática psiquiátrica no hospital geral*: interconsulta e emergência. 4ª ed. Porto Alegre: Artmed; 2017.

Minois G. *História do suicídio*. Lisboa: Teorema; 1998.

Organização Mundial da Saúde. *Classificação de transtornos mentais e de comportamento da CID-10*: descrições clínicas e diretrizes diagnósticas. Porto Alegre: Artes Médicas, 1993.

Owen JA. Psychopharmacology. In: Levenson JL (Ed.). *The American Psychiatric Publishing Textbook of Psychosomatic Medicine*: Psychiatric Care of the Medically Ill. 2nd ed. Washington: American Psychiatric Pub.; 2011.

Parikh SV, Quilty LC, Ravitz P, Rosenbluth M, Pavlova B, Grigoriadis S, Velyvis V, Kennedy SH, Lam RW, MacQueen GM, Milev RV, Ravindran AV, Uher R, CANMAT Depression Work Group. Canadian Network for Mood and Anxiety. Treatments (CANMAT) 2016 Clinical Guidelines for the Management of Adults with Major Depressive Disorder: Section 2. Psychological Treatments. *Can J Psychiatry*. 2016;61(9):524-39.

Paris J. *Psychotherapy in an Age of Neurosciences*. New York: Oxford University Press; 2017.

Perera T, George MS, Grammer G, Janicak PG, Pascual-Leone A, Wirecki TS. The Clinical TMS Society Consensus Review and Treatment Recommendations for TMS Therapy for Major Depressive Disorder. *Brain Stimul*. 2016;9(3):336-46.

Rosa MA, Rosa MO. *Fundamentos da eletroconvulsoterapia*. Porto Alegre: Artmed; 2015.

Rosenblat JD, Husain MI, Lee Y, McIntyre R, Mansur RB, Castle D et al. The Canadian Network for Mood and Anxiety Treatments (CANMAT) Task Force Report: Serotonergic Psychedelic Treatments for Major Depressive Disorder. *Can. J. Psychiatry*. 2023;68(1):5-21.

Saavedra K, Molina-Márquez AM, Saavedra N, Zambrano T, Salazar LA. Epigenetic Modifications of Major Depressive Disorder. *Int J Mol Sci*. 2016 Aug 5;17(8):E1279. doi: 10.3390/ijms17081279.

Sabino F. *O encontro marcado*. 32ª ed. Rio de Janeiro: Zahar; 1981.

Sah S, Fugh-Berman A. Physicians under the Influence: Social Psychology and Industry Marketing Strategies. *J Law Med Ethics*. 2013;41(3):665-72.

Schatzberg AF, DeBattista C. *Manual of Clinical Psychopharmacology*. 8th ed. Washington: American Psychiatric Pub.; 2015.

Shneidman ES. *Suicide as Psychache*: a Clinical Approach to Self-Destructive Behavior. Northvale: Jason Aronson Inc.; 1993.

Shorter E. Darwin's Contribution to Psychiatry. *Brit J Psychiatry*. 2009;195(6):473-4.

Silva MT, Galvao TF, Martins SS, Pereira MG. Prevalence of Depression Morbidity Among Brazilian Adults: A Systematic Review and Meta-Analysis. *Rev Bras Psiquiatr.* 2014;36(3):262-70.

Smith-Apeldoorn SY, Vischjager M, Veraart JK, Kamphuis J, Aan Het Rot M, Schoevers RA. The antidepressant effect and safety of non-intranasal esketamine: A systematic review. *J. Psychopharmacol.* 2022;36(5):531-44.

Spadaler J, Tuson M, Lopez-Ibor JM, Lopez-Ibor F, Lopez-Ibor MI. Pharmacogenetic Testing for the Guidance of Psychiatric Treatment: A Multicenter Retrospective Analysis. *CNS Spectr.* 2016;21:1-10.

Spina E, de Leon J. Clinical Applications of CYP Genotyping in Psychiatry. *J Neural Transm.* 2015;122(1):5-28.

Stahl S. *Stahl's Essential Psychopharmacology*: Neuroscientific Basis and Practical Applications. 4rd ed. New York: Cambridge University Press; 2014.

Starobinski J. *A tinta da melancolia*: uma história cultural da tristeza. São Paulo: Companhia das Letras; 2016.

Stone MH. *A cura da mente*. Porto Alegre: Artmed; 1999.

Van Gogh V. *Cartas a Théo*. Porto Alegre: L&PM; 2007.

Viguera A, Whitfield T, Baldessarini R, Newport DJ, Stowe Z, Reminick A et al. Risk of Recurrence in Women with Bipolar Disorder During Pregnancy: Prospective Study of Mood Stabilizer Discontinuation. *Am J Psychiatry.* 2007;164(12):1817-24.

Walkery A, Leader LD, Cooke E, VandenBerg A. Review of Allopregnanolone Agonist Therapy for the Treatment of Depressive Disorders. *Drug Des Devel Ther.* 2021;15:3017-3026.

Weissman MM, Markowitz JC, Klerman GL. *Psicoterapia interpessoal*. Porto Alegre: Artmed; 2009.

Wilkinson ST, Ballard ED, Bloch MH, Mathew SJ, Murrough JW, Feder A, Sos P, Wang G, Zarate CA, Sanacora G. The Effect of a Single Dose of Intravenous Ketamine on Suicidal Ideation: A Systematic Review and Individual Participant Data Meta-Analysis. *Am J Psychiatry.* 2018;175:150-8.

Woody CA, Ferrari AJ, Siskind DJ, Whiteford HÁ, Harris MG. A systematic review and meta-regression of the prevalence and incidence of perinatal depression. *J. Affect. Dis.* 2017;219:86-92.

World Health Organization. Depressive disorder (depression). *WHO*, 2023. Disponível em: www.who.int/news-room/fact-sheets/detail/depression. Acesso em: 25 mar. 2024.

World Health Organization. *Suicide*: worldwide in 2019: global health estimates. Geneve: WHO; 2021.

Yildiz, A, Siafis S, Mavridis D, Vieta E, Leucht S. Comparative efficacy and tolerability of pharmacological interventions for acute bipolar depression in adults: a systematic review and network meta-analysis. *Lancet Psychiatry*. 2023;10:693-705.